THEORY & IDEA
プロが教える
セオリー&アイデア

JN082713

季節やシーンを楽しむ
日々のうつわ使い

神楽坂 コハルアン店主
はるやまひろたか

SE
SHOEISHA

プロが教える
セオリー&アイデア

暮らしを豊かに彩る、さまざまなモノやコト。
SNSなどで見かけたもの、ふとお店で見て気に入ったものを
手軽に取り入れるのもよいですが、
基本やノウハウを知っていると、もっと生活が楽しくなります。

がんばりすぎず、気取りすぎず、
でも毎日を素敵に、心地よく暮らしたい。
そんな人に向けた本が「プロが教えるセオリー&アイデア」シリーズです。

そのジャンルのプロが経験から培ったセオリーと
暮らしの中できちんと実践するためのアイデアを
美しい写真とわかりやすい解説で、惜しみなく紹介します。

はじめに

戦後、経済成長の道をひた走ってきたこの国で、それまでなおざりにしてきた「暮らし」を見直す動きが顕著になったのは、バブルが終わった頃のこと。

それから三十年ほどの時が経ちましたが、大きな震災やコロナ禍を経た現在、日々の暮らしを充実させようという機運は、かつてないほど高まっているように見受けられます。

いうまでもなく、暮らしの基本になるのは一日三回の食事であり、食卓の友・生活の友と呼べる存在が「うつわ」だといえるでしょう。

うつわを楽しむために必要なのは、ふたつの「ととのえる」だと思います。

ひとつめは「調《ととの》える」で、これは必要なうつわを調達すること。そしてふたつめは「整《ととの》える」。こちらは、調えたうつわを食卓にバランスよくしつらえることです。

この本では、ふたつの「ととのえる」を実践するためのセオリーとアイデアを並べました。

日本は、長い歴史の中で多彩なうつわ文化を作り上げてきた国。その伝統を大事にしながら、日々のうつわ使いを楽しんでみてください。

はるやまひろたか

CONTENTS

もくじ

シリーズについて 2
はじめに 4
この本の使い方 10
本書に関する問い合わせについて 10

PART 01
日々の暮らしとうつわ使い 11
日々の楽しみ 12
ハレの日 ケの日 14
自分だけの食事 他人との食事 16

PART 02
うつわを知る 19
THEORY 001 うつわの形状と用途を知る 20
THEORY 002 「寸」の感覚でサイズをとらえる 24
THEORY 003 うつわの部位の名称を知る 26
THEORY 004 陶器と磁器の違いをおさえておく 28
THEORY 005 釉薬が生むやきものの色を楽しむ 32
THEORY 006 塗り重ねて強くなる漆のうつわ 36
THEORY 007 木のうつわを形作る技法を知っておく 38
THEORY 008 吹きガラスのうつわについて知っておく 40

PART 03
うつわを調える 43
THEORY 009 飯碗など基本のうつわは手なじみが大事 44
THEORY 010 皿と鉢は2サイズずつ揃えてみる 48

011 大皿と大鉢は汎用性を重視して選ぶ 52
012 カップ類はマイルールで自由に揃える 54

04 食卓を整える 59
013 自分が好きなうつわのテイストを知る 60
014 素地の厚さと表面のツヤ感に注目してみる 66
015 白のうつわは上質なシャツを一枚選ぶ感覚で 68
016 旬の食材の色を黒いうつわで引き出す 72
017 うつわの青は料理が引き立つ万能の色 76
018 暮らしになじむ渋系の色を食卓の定番色に 80

05 うつわに盛りつける 83
019 一汁一菜は一枚のお盆にまとめる 84
020 一汁三菜は布製のマットにしつらえる 86
021 ストレスのない盛りつけ方で三菜を楽しむ 88
022 同じ献立を皿と鉢で盛り替える 92
023 弁当箱の形にあわせて美しく詰める 94

06 形と素材を楽しむアイデア 99
001 プレートのリムを額縁に見立ててみる 100
002 高脚のうつわでおもてなし感を出す 102
003 取皿は大きさだけ揃えて絵柄や装飾はバラバラで楽しむ 104
004 豆皿はとことん色や形を楽しんで 106

07

005 脇役のうつわを充実させて食卓を楽しむ 108
006 肩肘張らずに漆の汁椀を使う 110
007 フラットな木のうつわを効果的に使う 112
組み合わせのアイデア 115
008 テーブルの上をすっきりまとめたいなら横長の皿や鉢を選んでコンパクトに 116
009 コーヒータイムを民藝的な手仕事で楽しむ 118
010 好みのマイ酒器でくつろぎ時間を 122
011 現代作家が作る「新しい古典」を取り入れる 126
012 加飾と無地のうつわをハーフ&ハーフで使う 130

08

暦の中のアイデア 133
013 桃始笑 春、気負いなくおうちで楽しむお祝いやおもてなしの一席 134
014 玄鳥至 新しい年度がはじまる日はお気に入りのうつわで気分を上げて 138
015 蓮始開 目と心で涼を感じたい夏の食卓 142
016 土潤溽暑 夏休みの昼食はひと皿、ひと鉢で 146
017 鴻雁来 銘々に盛りつける秋の膳 150
018 楓蔦黄 持ち寄ったお菓子で楽しいお茶会 154

019 閉塞成冬 冬の洋風鍋は土と木の質感とともに 158
020 正月 自宅で盛りつけて寿ぐ お節料理 162

COLUMN

暦とうつわ使い 18
自分の手のサイズを基準に 42
国民食のうつわ 58
道具をうつわとして使う 82
配膳について 98
やきものの加飾① 114
やきものの加飾② 132
金継ぎのこと 166

注釈解説 168
うつわの取り扱い方 171
掲載した作品の作り手とお店 173

この本の使い方

この本では、うつわ選びや使い方のノウハウやコツをセオリーとアイデアに分けて紹介しています。

PART 02 - 05／セオリーパート

うつわ選びやコーディネート、盛り付けで役立つセオリーを紹介しています。はじめのページでセオリーについて写真を添えて解説し、次のページからはセオリーを実践するときに知っておきたいポイントを掲載しています。

PART 06 - 08／アイデアパート

ここまでのセオリーを踏まえた、実践的なうつわ使いのアイデアを紹介しています。暮らしの中でのシーンに合わせたうつわの提案や、季節に合わせたテーブルコーディネートの実例を掲載しています。

●注釈について

本文で「*」マークがついている用語については、P168からの注釈解説で説明していますので合わせてご覧ください。

本書内容に関するお問い合わせについて

このたびは翔泳社の書籍をお買い上げいただき、誠にありがとうございます。弊社では、読者の皆様からのお問い合わせに適切に対応させていただくため、以下のガイドラインへのご協力をお願い致しております。下記項目をお読みいただき、手順に従ってお問い合わせください。

●ご質問される前に

弊社Webサイトの「正誤表」をご参照ください。これまでに判明した正誤や追加情報を掲載しています。
正誤表　https://www.shoeisha.co.jp/book/errata/

●ご質問方法

弊社Webサイトの「刊行物Q&A」をご利用ください。
刊行物Q&A　https://www.shoeisha.co.jp/book/qa/

インターネットをご利用でない場合は、FAXまたは郵便にて、下記"翔泳社 愛読者サービスセンター"までお問い合わせください。電話でのご質問は、お受けしておりません。

●郵便物送付先およびFAX番号

送付先住所　〒160-0006　東京都新宿区舟町5
FAX番号　03-5362-3818
宛先　(株)翔泳社 愛読者サービスセンター

PART

01

日々の暮らしとうつわ使い

うつわを楽しむために、まずは自分の日々の暮らしを見つめ直してみましょう。
どんな食生活を過ごしたいのかがわかると
うつわ選びや使い方も見えてくるはずです。

日々の楽しみ

うつわの世界は奥が深すぎて、何をどう揃えていけばよいかわからない――そう考えている方は多いと思います。確かに、SNSで素敵なうつわ使いの投稿を見かけてしまうと、敷居が高く感じられたり、気おくれしてしまったりすることがあるかもしれません。

ただ、うつわはアート作品ではなく、あくまでも日常で使うものです。うつわを揃える上で大事なのは、自分自身のふだんの食生活（何を・いつ・誰と・どうやって食べるか）としっかり向き合うこと。これを再確認すれば、必要最小限のうつわ揃えは、おおよそ把握できるようになるはずです。

また、もうちょっと凝ったうつわ使いを楽しみたい場合には、「セオリー」のような定石が必要になってくるでしょう。ここで言うセオリーとは、しきたりやお作法のことではなく、自分の直感と経験に基づくコツのようなもの。この本については、直感を養うためのヒント集としてとらえ、共感できる部分は、ぜひ日々の食卓に取り入れてみてください。

そうやって自ら選び取った美意識の積み重ねは、やがてみなさんの「マイセオリー」として収斂《しゅうれん》していくはずです。

ハレの日 ケの日

「ハレ」と「ケ」というのは、われわれの生活時間をふたつに分類する考え方。簡単に説明するならば「ハレ」は祝祭などが催される非日常の特別な時間、「ケ」は日常の時間ということになります。

江戸時代以前はこのふたつの時間が厳格に区別されていたといいますが、生活が豊かになった現代は、これらを隔てる壁の存在は希薄になりました。

昔であればハレのときにしか食べられなかったようなごちそうも、今は日常的に食べられるようになり、その逆で、かつては特別視されていた暦の上の節目＝盆暮れ正月については、年々、祝祭感が薄らいでいるような印象を受けます。

現代は、ハレとケというふたつの時間概念がコントラストのように対置されているわけではなく、ゆるやかなグラデーションの内に混在する時代だと言えるかもしれません。

食卓についても、その前提に立って考えてみるとよいでしょう。

昔はハレの時間のためだけに使うきらびやかなうつわ揃えがあったものですが、今はハレの食卓であっても、ケのアイテムをうまく使い回してコーディネートするのが現実的です。

たとえば、ふだん使っている基本のうつわの傍らに、あでやかな雰囲気の豆皿や箸置きをしつらえてみてください。それだけのことでも、テーブルの上にそこはかとなくハレの空気を漂わせることができるのではないでしょうか。

「PART02 うつわを調《ととの》える」（P43〜）では、うつわ揃えの考え方を整理しています。それらを参考に、まずは手持ちのうつわをうまく使い回すことからスタートしてみませんか？

その上で、必要なアイテムを少しずつ調《ととの》えていけば、過不足のない状態で「私らしいうつわ使い」を楽しめるようになるでしょう。

ハレとケの間にある濃淡を意識したコーディネートのアイデアは、「PART08 暦の中のアイデア」（P133〜）を参考にしてください。

自分だけの食事 他人との食事

ひとりでとる食事にも、いろいろなシチュエーションがあると思います。

自分へのご褒美と考えて、凝ったお料理をきれいなうつわに盛りつけることもあるでしょうし、多忙なリモートワーク中のランチであれば、ワンプレートで済ませてしまいたいことだってあるかもしれません。

そのときどき、人それぞれ、自分のやり方で胃と心を満たすのがひとりでとる食事です。


また、それとは対照的なのが、他人との食事。

こちらは、同席する人との時間の共有が目的となります。

対話というコミュニケーションが、相手によって話し方を変えたり、話す内容が変わったりするのと同様、お料理やうつわ使いも、誰と食べるかによって変わってくるもの。

つまり、パートナー、家族、友人など━食卓を囲む相手との関係性が、食事の意味合いを決定づけることになります。


たとえば、パートナーとの食事であれば、おかずを中皿や小鉢に美しく盛り分けて、食事という行為そのものの質を高めてみたくなるものですし、大人数に供する食事は、とにかく量で勝負。大皿にお料理を盛り、家族それぞれが自分の食べる分を取皿に取り分けてゆくスタイルになるでしょう。

このように、うつわ使いは十人十色。

「PART05 うつわに盛りつける」（P83〜）では、フードコーディネーターのタカハシユキさんのテクニックに触れながら、さまざまなシチュエーションで応用できる盛りつけ方のあれこれを考えてみたいと思います。

COLUMN

暦とうつわ使い

季節と食にまつわる古人の言葉に、「初ものを食えば七十五日生きのびる」というものがあります。

旬の食材を血肉にして寿命を延ばす――というのは俗信めいた考えのようにも思えますが、そのときどきの旬のものを体に取り入れながら健康にと願うのは、決して間違った考え方ではないと思います。

農耕民族として生きてきた日本人はかつて、中国から伝わった「二十四節気」「七十二候」という暦の区分を農耕スケジュールの縁《よすが》にしていたそうです。

われわれ現代人も、暦と連動する農耕的な生活サイクルを見直し、目先の慌ただしさに追われておざなりにしてきた「体と心の健康」ときちんと向き合う必要があると思います。

PART08（P133〜）では、「食べることは生きること」という考えに基づいて、七十二候を意識した食卓コーディネートをいくつか提案してみました。

季節ごとにうつわの衣替えをするのは現実的ではありませんが、汎用性のあるアイテムをうまく使い回して、季節感を食卓に投影することは可能です。

そういった季節ごとの工夫も、うつわ使いの楽しみといえるでしょう。

PART

02

THEORY

うつわを知る

まずは、うつわについて知っておきたいポイントを
セオリーとしてまとめました。
素材・色・形・大きさの違いがわかると
うつわ選びがもっと楽しくなりますよ。

THEORY
001

うつわのきほん①

うつわの形状と用途を知る

うつわ揃えに迷ったらカタチが持つ意味をもう一度考えて

日本のうつわの種類を語るときに、前提としておさえておきたいのは、使うカトラリーが「箸」だけであること。匙を使わず、汁物をいただくときには「椀（碗）」と呼ばれるうつわを口元に持っていくのが日本の食事のスタイルです。

たくさんの森に抱かれたこの国で、木製の「汁椀」が普及したのは必然かもしれませんが、手に持っても熱くなりにくい素材である、という使い勝手の問題も大きく作用していたことでしょう。

また、やきものの制作技術が向上する中で、汁椀とともに日本の食卓を支えるようになったのが、主食をよそうための「飯碗」。さらに主菜を盛るための「皿」、副菜を盛るための「鉢」。食文化の発展は、うつわの多様化を促していきました。

現在はうつわの種類がさらに増えているので、何をどう揃えたらいいのか迷ってしまうこともあるのではないでしょうか？

そんなときには、まず基本に立ち返ること。どんな用途のうつわがあるのかを整理して解きほぐし、自分の食生活と照らし合わせてうつわを選んでみてください。

椀（碗）

汁物やお茶など液体を注げるくらいの深さがあり、片手で持てるサイズのうつわ。その中でもごはんを食べるために特化したものが**飯碗**。占有者が決まっている「私だけのうつわ（*属人器）」で、手なじみの良さが重視されます。

味噌汁などの汁物を飲むためのうつわは**汁椀**。木製のものが多く、浸水による腐食やカビから保護するために漆を塗ったものが主流になりました。

また、**茶碗**というのは本来、茶の湯用のうつわを指したものですが、現在は、碗形のうつわ全般を「お茶碗」と呼ぶことも。

皿

浅く平たい形状のうつわ。サイズによって、八寸（約24cm）以上は**大皿**、八寸から五寸（約15cm）までは**中皿**、五寸以下は**小皿**と呼びます。さらに四寸（約12cm）を下回るものについては、**豆皿**もしくは**手塩《おてしょ》皿**と呼びます。

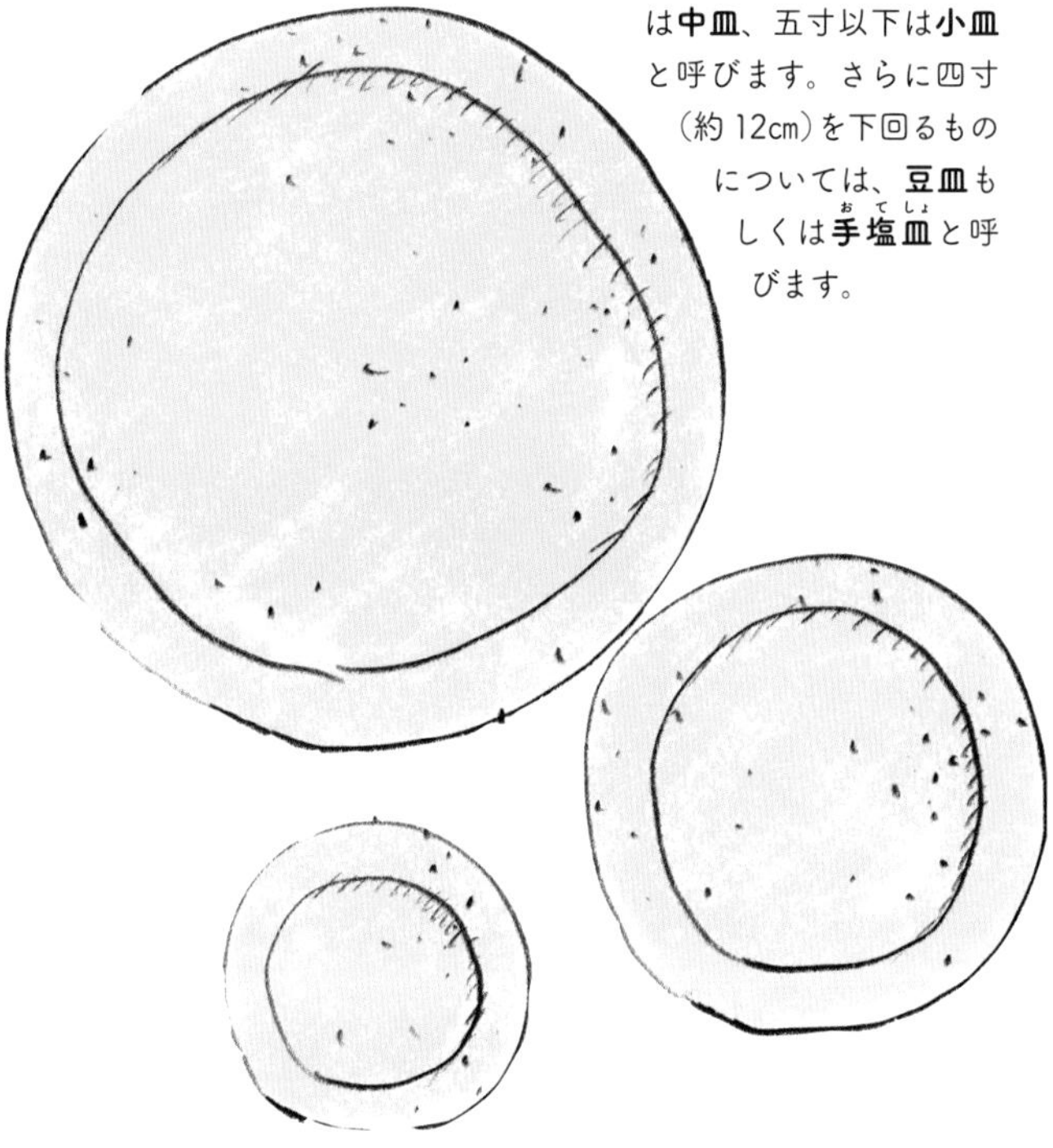

鉢

深めの形状のうつわ。こちらも皿と同様に、**大鉢・中鉢・小鉢**に分類されます。
中鉢や小鉢のことを**向付《むこうづけ》**と呼ぶこともありますが、これは茶懐石の用語。肴《さかな》の鉢を飯碗と汁椀の向こう側に配することに由来しています。

そば猪口

元は向付のバリエーションのひとつだったものが、そば切りの隆盛とともにそばつゆ専用のうつわに転化したもの。
手なじみが良い形状なので、そばつゆのみに用途を限定せず、お茶や焼酎などのカップとしても使える万能のうつわです。

お茶回り

煎茶を淹れるうつわは**急須**と呼ばれます。
横手や後手《うしろで》のものが一般的ですが、大容量の場合（焙じ茶・番茶）には蔓付きの**土瓶**、少量の場合（玉露・上級煎茶）には手がついていない**宝《ほう》瓶《ひん》**を用いることも。
お茶を飲むうつわで実用性が高いのは筒型の**湯呑**。口縁が狭いためお茶が冷めにくく、手に収まりやすい形状です。また、**汲出《くみだし》茶碗**は口縁が広く背は低め。お茶の色や香りを楽しみたい時やおもてなしの際に。

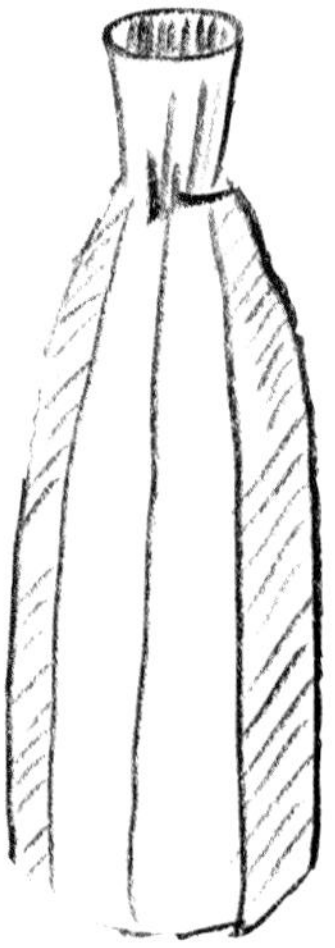

カトラリー

古代の食卓では**匙**と**箸**という二つのカトラリーが共存していたようですが、中世以降、匙は淘汰され、箸だけで食事するスタイルが日本人の慣習として定着しました。
ただし現在は食が多様化しているので、その慣習も少し見直した方がよいかも。箸のサポート役として匙を復活させれば、洋風・中華・エスニック、あらゆる献立に対応させることができるでしょう。

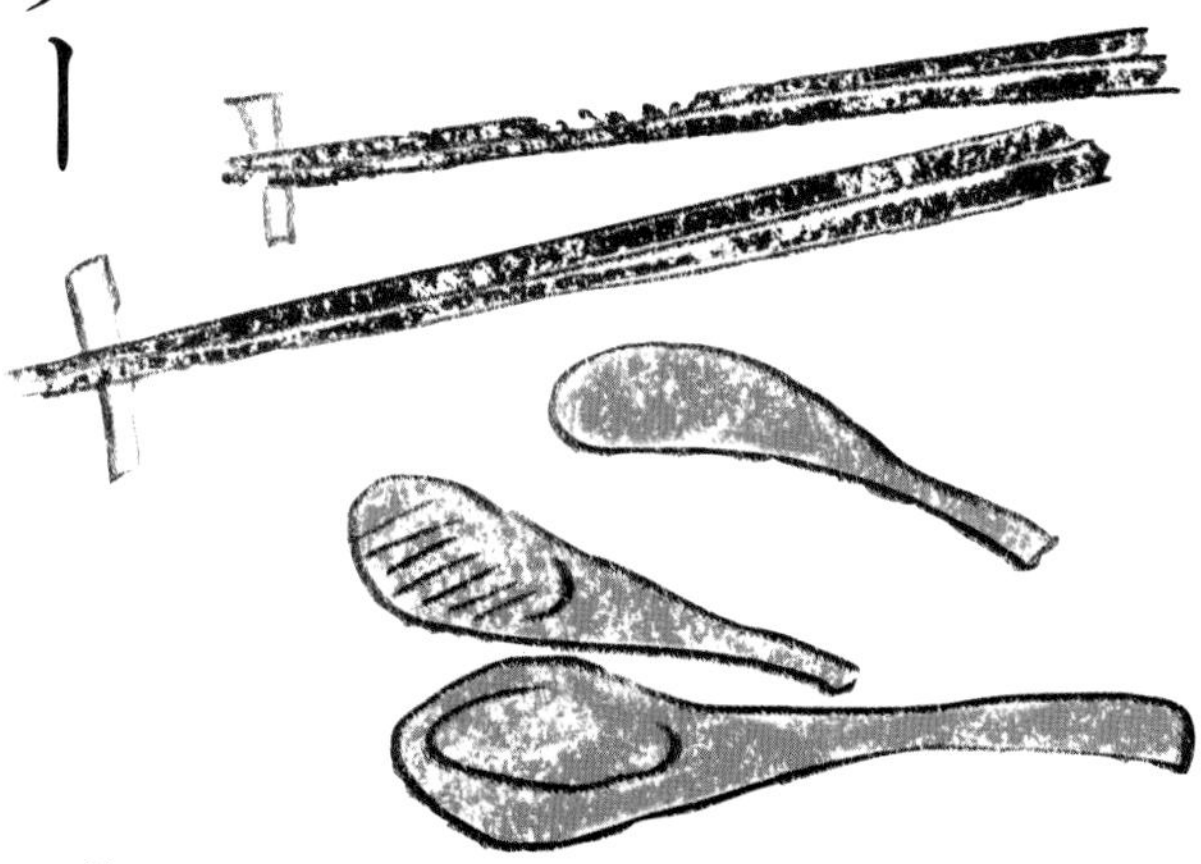

お酒回り

日本酒を注ぐうつわといえば、**徳利**と**片口**。

燗酒に使われる徳利は、首の部分をキュッとしぼって保温性が高い形状に。また、注口をつけた鉢＝片口は、常温酒と冷酒を注ぐのに適した形状です。

酒を飲むうつわは、**ぐいのみ・ちょこ**と呼ばれ、切立形や平形などさまざまな形状のものが。実用性よりは装飾性が重視される傾向がある「嗜好のうつわ」です。

THEORY
002

うつわのきほん②

「寸」の感覚でサイズをとらえる

一寸＝約3センチメートル
一尺＝約30センチメートル

日本では長らく「尺貫法《しゃっかんほう》」という計量法が使われてきました。

現在は、法律によってメートル法が公式な計量法とされていますが、千数百年の長きにわたって日本の伝統的なものづくりは、尺貫法の単位に基づいて発展してきました。建築などの大きな造形物はもちろん、うつわのような工芸についても同様です。

うつわの場合、そんなに大きなサイズのものはないので、よく使われるのは「寸（一寸＝約3㎝）」と「尺（一尺＝約30㎝）」というふたつの単位。

うつわ好きの方であれば、「五寸鉢」や「尺皿」などという呼び方を聞いたことがあるでしょう。日本のうつわは品名の中にサイズを明示するため、五寸鉢であれば「直径15㎝の深めのうつわ」、尺皿であれば「直径30㎝の平たい形状のうつわ」という意味。実物を目にしなくても、品名の字面《じづら》だけでサイズと形状がある程度つかめるのです。

この尺貫法の単位表示は、うつわを調えるときに役立つので、この本でも、「寸」や「尺」といった単位を使って話をすすめていきたいと思います。

この写真は実寸サイズ。
小さいものから四寸、五寸、六寸、七寸、八寸。

THEORY
003

うつわの部位の名称を知る

うつわのきほん③

部位の名称を覚えておくことでイメージを共有しやすくなる

うつわの部位には各々名称があります。これを知っていると、お店などでほしいうつわのイメージを伝えやすくなるので、覚えておくと便利でしょう。

鉢や碗の場合、縁の部分は「口縁《こうえん》（口造《くちづくり》）」、底にある輪っか状の部位は「高台《こうだい》」と呼ばれます。そして口縁と高台の間の上部四分の三くらいが「胴」、下部四分の一くらいが「腰」。また、器体の内側の部分には「見込み」という呼び名がつけられています。

その他、徳利の上部の細くしぼられた部分は「首」、急須の本体からとび出た把手の部分は「手」と呼ばれます。こうして見ていくと、うつわの部位には、われわれの体の名称を転用したものが少なくないことに気づきます。このことは、日本人がうつわとの間に築いてきた親密な関係を今に伝えるものだといえそうです。

また、洋食器のような構造を持つうつわの部位にはカタカナの呼び名が。

洋皿（プレート）で幅のある縁の部分は「リム」、高脚のうつわの本体と台座を繋ぐ部分は「ステム」と呼ばれます。こちらも覚えておくとよいでしょう。

糸底
高台内
高台
腰
胴

碗
口縁（口造《くちづくり》）
見込み

急須
つまみ
蓋
手
注口

徳利
腰

洋皿
リム

高台皿
ステム（脚）

THEORY
004

素材を知る①

陶器と磁器の違いをおさえておく

土が原料の陶器と石が原料の磁器 特徴を知って使い分けてみて

やきものはよく「陶磁器」という総称で呼ばれますが、いまさら聞けないのが、「陶器と磁器の違いって何?」という疑問。

簡単にいえば、このふたつの違いは原料の違い。陶器の原料は土（陶土）で、磁器の原料は石（陶石）です。

陶器は、土器や須恵《すえ》器など原始的なやきものの流れを汲みながら、大陸の技術などを採り入れて徐々に発展していったもので、見た目はやさしい風合い。また、素地の中には小さな孔があって、熱をためやすいため、ゆっくり温まり冷めにくいという特徴（保温性）を持っています。

一方の磁器は、約四百年前、文禄・慶長の役で九州の諸大名が連れて帰ってきた朝鮮人陶工たちによって始められたやきもの。陶石を細かく砕いて精製した磁土を原料としているので、素地の内部に小さな孔はなく、硬質で丈夫です。

よく「風合いで選ぶなら陶器、強さで選ぶなら磁器」ともいわれますが、それぞれの特性を知った上でうまく使い分けてみると、日々の食卓はより豊かなものになるのではないでしょうか。

陶器

釉薬のかかっていない
糸底を見て、ざらざらべ
しているのが陶器。

磁器

釉薬のかかっていない
糸底を見て、すべすべし
ているのが磁器。

陶器／土もの

特徴

目が粗い（多孔質）・吸水性あり・透光性なし・電子レンジ不可・食洗機不可

水分を吸収しやすいため、使うごとに徐々に表情を変えていくのが陶器。

素地や釉薬《ゆうやく》が水分を吸うと雨漏りと呼ばれるシミ状の斑紋が現れたり、お料理の色が沈着してヒビ状の経年貫入《けいねんかんにゅう》が現れたりすることも。ただ、こういった表情の変化も陶器を使う楽しみだといえます。

一般的には、「*目止め」という手順を経ることで汚れが付きにくくなりますが、なかには目止めによって風合いが変わってしまううつわもあります。個々の取り扱い方についてはお店で尋ねてみましょう。

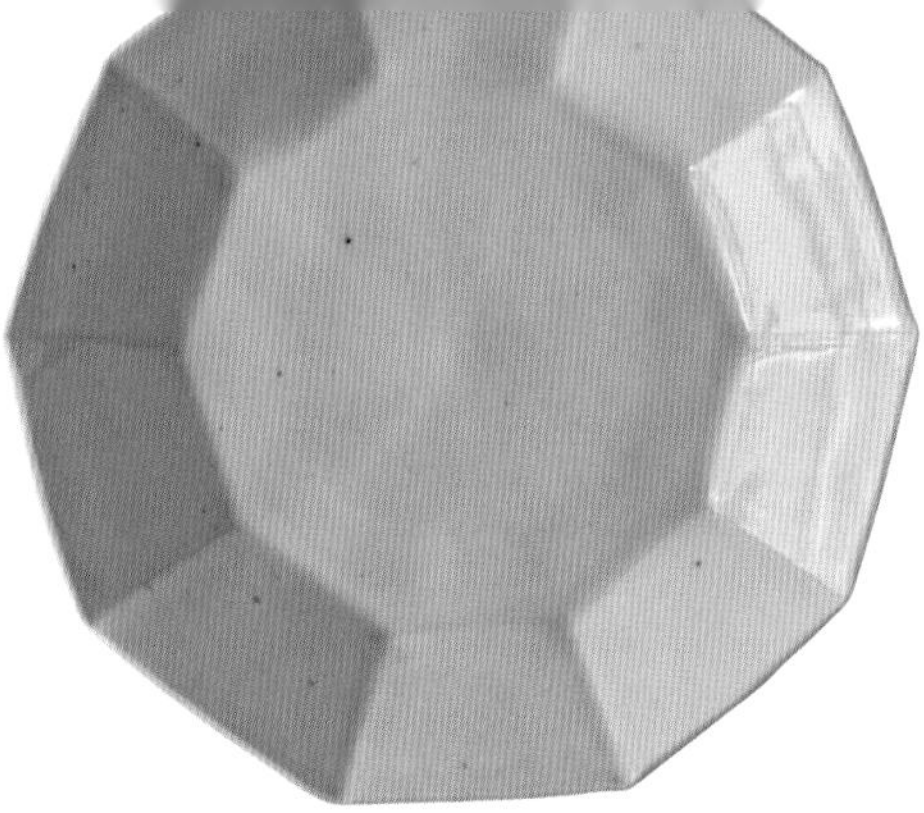

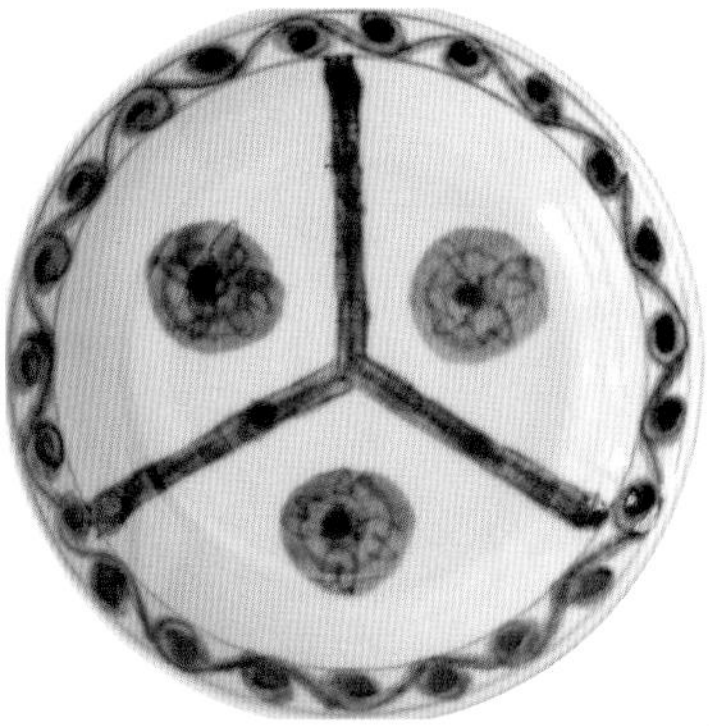

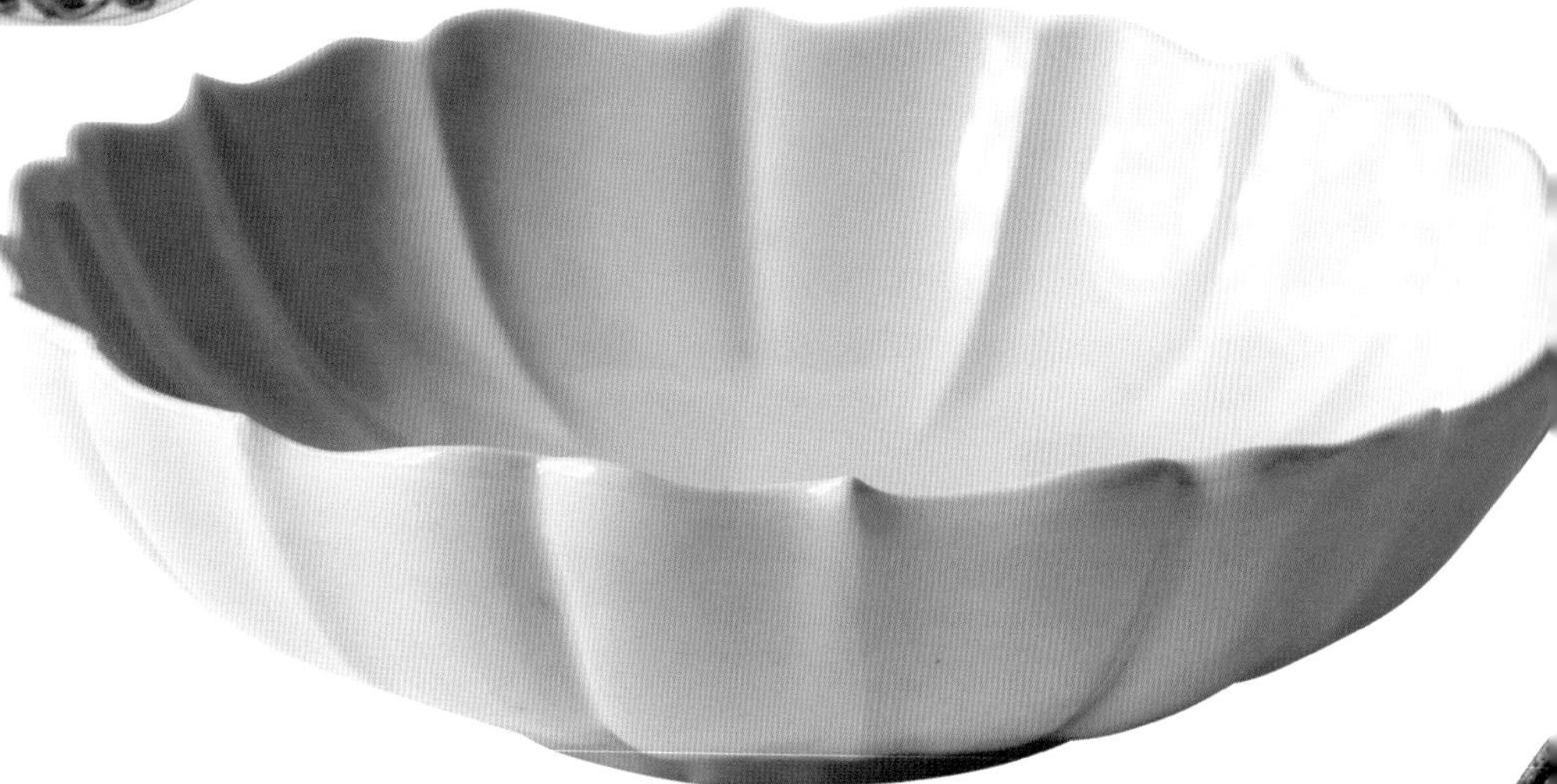

磁器／石もの

特徴

目が細かい・吸水性なし・透光性あり・電子レンジ可（上絵磁器は不可）・食洗機可（上絵磁器は不可）

原料となる陶石にはガラスに近いケイ酸系の成分が含まれるので、やきものでありながら、ガラスに似た形質も持ち合わせています。強い照明を当てると光が透けて見えますし、指ではじけば高く澄んだ音が響きます。

また、素地の内部には陶器に見られるような小さな孔がないので、陶器よりは堅牢です。吸水性がない分、見た目の変化はあまり起こりません。

ただ最近は、磁器に陶器の特徴を併せた*半磁器と呼ばれるうつわも多く、陶器と磁器の境目はおぼろげになりつつあります。どちらか判別しにくい場合は、お店で質問を。

素材を知る②

釉薬が生む やきものの 色を楽しむ

土と炎の芸術と呼ばれるやきもの 釉薬が生み出す色と景色を楽しんで

やきものの色合いを決める要素は三つ。土と釉薬《ゆうやく》と*焼成《しょうせい》──。これらの要素の組み合わせがやきものにさまざまな表情を添え、使う者の目を楽しませてくれます。

「釉薬」とは、土の表面にかける薬品（材料は鉱物や木灰など）のことで、焼くと固着してガラス質の被膜を作り、やきものをコーティングする役割を担います。

この薬品に含まれる成分は、焼成時に窯の中で土の成分と反応して化学変化を起こし、さまざまに発色する性質を持っています。その性質をうまく活かすことができれば、釉薬はやきものの芸術性を高めるために装飾的に使うことも可能です。

焼成の方法については、窯の中に酸素を多く送り込む「*酸化焼成」と、酸素の供給を少なくして不完全燃焼の状態を作り出す「*還元焼成」に分類され、同じ釉薬を使ったとしても、酸素量の多寡によって色の出方は大きく変わってきます。

また、焼成中の炎の変化によって、予期せぬ美しい表情（*景色）が生まれることもしばしば。そういった偶然性もやきものが持つ魅力だといえるでしょう。

釉薬

白

土の素地に化粧土（白泥釉）を掛けてぽってりとした風合いに仕上げた**粉引**、透明な釉薬を掛けて陶石の白を際立たせ、シャープに仕上げた**白磁**など、白いうつわにはいろいろな色調・質感のものがあります。

一枚は持っておきたい基本の色だと言えるでしょう（詳細はP68）。

粉引

黒

民藝陶器などによく見られるのがつややかな**黒釉**のうつわです。また、焼成時に窯の中で変化が起こると（*窯変）、黒い釉薬は、金属的な輝きを帯びた予期せぬ風合いに変わることがあります。

食卓をキリっと引き締める効果を持っているので、要所要所で使いたい色です（詳細はP72）。

天目釉（窯変）

瑠璃釉

青

色彩学で見れば、青系の色は、食材に多い暖色系の色を引き立てる補色に当たります。
瑠璃釉《るりゆう》や**海鼠釉《なまこゆう》**などの釉薬の他、*呉須絵具で絵付けを施した***染付**など、古い時代から青い色を配したうつわが多く使われてきたのは理に適ったことだといえそうです（詳細はP76）。

織部釉（総織部）

緑

灰釉

緑色の釉薬の代表格が、酸化銅を原料とするあざやかな**織部釉**。茶の湯の世界では、織部釉＋絵付けという装飾様式（青織部）をよく見かけますが、この釉薬だけで仕上げたうつわも散見され、それらは総織部と呼ばれます。

また、**灰釉**を掛けてくすんだ色調の鶯色に仕上げたうつわも、緑のバリエーションのひとつです。

茶

産地を問わず古い時代から使用されてきた**飴釉**は鉄やマンガンなどの鉱物を含んだ釉薬で、*酸化焼成によって明るい褐色に発色します。これとは別に、益子のやきものでは、町内で採掘される芦《あし》沼石《ぬまいし》で作る**柿釉**という伝統釉が有名。不透明で重厚な赤褐色は目にあたたかな印象を与えてくれます。

柿釉

黄

黄瀬戸釉のうつわは、織部などと同じく茶人に好まれた桃山陶のひとつ。木灰に黄土などを調合した釉薬は微量の鉄分を含み、酸化焼成によって淡い黄色に発色。
また、目に鮮やかな**黄釉**のうつわにもやはり鉄分が含まれています。濃く発色した黄色はポップな印象で、食卓に明るい雰囲気を添えてくれそうです。

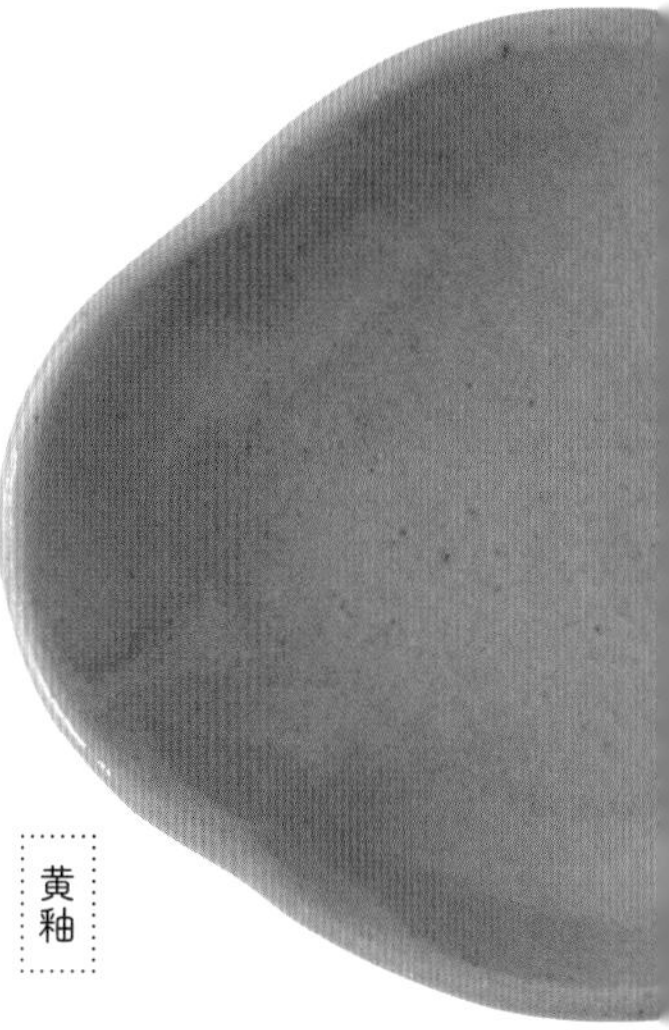

黄釉

長石釉

灰

色鮮やかな食材が用いられることが多くなった現代の食卓で、お料理を引き立てる色として好まれるようになったのがグレー。

野趣あふれる風合いに仕上げた**長石釉**のうつわや、焼成によって**透明釉**のツヤを抑え、しっとりと落ち着きのあるグレーに仕上げたうつわなど、さまざまな色調・質感のものが見られます。

素材を知る③

塗り重ねて強くなる漆のうつわ

**木の表面を保護するために生まれた漆
自然素材ならではの風合いを楽しんで**

ウルシノキの樹液の不純物を取り除いて精製したものが「漆」です。

これをうつわの素地（主に木材）に塗って時間を置くと、樹液の中のウルシオールという成分が空気中の酸素と反応して固まり、表面に強力な保護膜を作ります。

漆を塗る作業はとてもデリケートで、いっぺんに厚く塗るとヒビ割れや縮みを生んでしまいます。美しさと強度を高めるためには、温度や湿度などに留意しながら塗って乾かして研ぐ作業を繰り返し、薄い被膜を何層にも重ねる工程が必要です。

精製された漆は「透漆《すきうるし》」という褐色かつ半透明の液体で、鉄分を加えて化学反応を起こさせたものは「黒漆」。また、透漆に鉱物を混ぜれば「朱漆」になり、これらは漆のうつわの基本色として使われます。

さらに、ハレの席で使われるようなうつわには、顔料を混ぜた色漆による「*漆絵」、金粉を用いた「*蒔絵」や「*沈金」などのきらびやかな装飾が施されることも。

なお、漆のうつわは、傷みや剥げが出た場合には「お直し」も可能。長くつきあっていきたいアイテムのひとつです。

栃の木地に透漆を塗り重ねていく過程を見比べると、一層ごとに色が深くなっていくことがわかります。塗りの回数が増えると、強度も増していきます。

木のうつわを形作る技法を知っておく

さまざまな技法で引き出された木の持ち味を日々の食卓に

木工品には、これまでさまざまな造形技法が用いられてきました。

最もシンプルなのは「刳物《くりもの》」で、木塊をノミなどで刳り抜いて成形する技法。

一方、木塊をロクロ（旋盤）という機械に装着して回し、刃物を当てて削るのが「挽《ひき》物《もの》」。円形のものを刳物より早く正確に成形できる利点を持った技法です。

このほか、板材を釘なしで箱型に組み立てる「指物《さしもの》」、薄く削いだ板を湾曲させて曲げわっぱなどに仕上げる「曲物《まげもの》」、さまざまな木地に山桜の樹皮を貼って茶筒などに仕立てる「樺細工《かばざいく》」など、うつわや道具を作る木工の技法は多種多様です。

また、耐久性を持たせるための塗装もさまざま。必要に応じて、漆を木地に摺りこむ「拭き漆」、乾性油をしみこませる「オイル仕上げ」、ウレタン樹脂による「ウレタン塗装」などの方法が用いられます。

さらに、最近よく見かけるようになった技術が「ガラスコーティング」。液体ガラスを木地に浸透させることで、素材の風合いを損なうことなく、うつわを保護することが可能になりました。

A　弁当箱 / 指物（杉 × ウレタン塗装）
B　長方盆 / 刳物（ブラックウォルナット × オイル仕上げ）
C　茶筒 / 樺細工（桜皮 × 無塗装）
D　レンゲ / 刳物（山桜 × 拭き漆）
E　カップ / 挽物（胡桃 × ガラスコーティング）
F　豆皿 / 刳物（檜 × オイル仕上げ）
G　高台皿 / 挽物（胡桃 × オイル仕上げ）
H　豆鉢 / 刳物（栃 ×拭き漆）
I　わっぱ弁当箱 / 曲物（杉 × 無塗装（外）+漆塗（内））

吹きガラスのうつわについて知っておく

素材を知る⑤

さまざまな技法で生み出される吹きガラスを食卓に取り入れて

ガラス工芸の成形技法は、鋳型を使って電気炉で鋳造成形する「キルンワーク」や、バーナーを操りながら卓上で成形をおこなう「バーナーワーク」などさまざまですが、工房ものや作家もののうつわ制作でよく使われる技法が「吹きガラス」です。

この吹きガラスは、さらに細かくふたつの技法に分かれます。

そのひとつが「宙吹き」。固形のガラス素材を炉の中で溶かし、吹き竿と呼ばれるストロー状の長い金属棒の先にガラス種を巻き取って息を吹き込み、回したり道具を使ったりして形を整えていく技法です。この宙吹き技法の工程は、映像で見たことがある人も多いでしょう。

また、もうひとつの技法が「型吹き」。こちらは、吹いてふくらませたガラスを金属などの型にはめて成形する技法で、型の形状によっては多角形など直線的なフォルムの作品制作も可能です。

さまざまな技法で作られるガラスのうつわ。形状や色、厚さなど、自分の使い勝手に合うお気に入りを選び、その透明感を日々の食卓で活かしてみたいものです。

COLUMN

自分の手のサイズを基準に

古代中国で発明されたという「尺貫法」（P24）は、日本を含む東アジア全域で、それぞれの風土に合わせながら使われてきた計量法で、「身体尺」の一種です。

　また、昔の日本には尺貫法の体系には属さない身体尺があり、親指と人差し指を直角に広げた長さである「咫《あた》」という単位も使われていたそうです。

　この単位を使った食卓まわりの言葉として面白いのが、「箸は一咫半《ひとあたはん》」というもの。これは、箸を選ぶときの基準を身体尺を使って表現した古い言葉です。

　この言葉の真意は、「箸は、客観的な基準ではなく、自分の手のサイズを基準にして選びなさい」ということになるでしょう。

　どんなに見た目が美しく素敵な箸であっても、それが自分の手になじまず持ちにくいものであれば、楽しいはずの食事がストレスになってしまうこともあり得ます。

　現代的な生活を営むわれわれも、先人たちのように、自分の手をものさしにする「自分尺」と呼べるようなサイズ感覚を身に着けてみてはいかがでしょう？

　このあたりについては、次章でもう少し話を進めてみたいと思います。

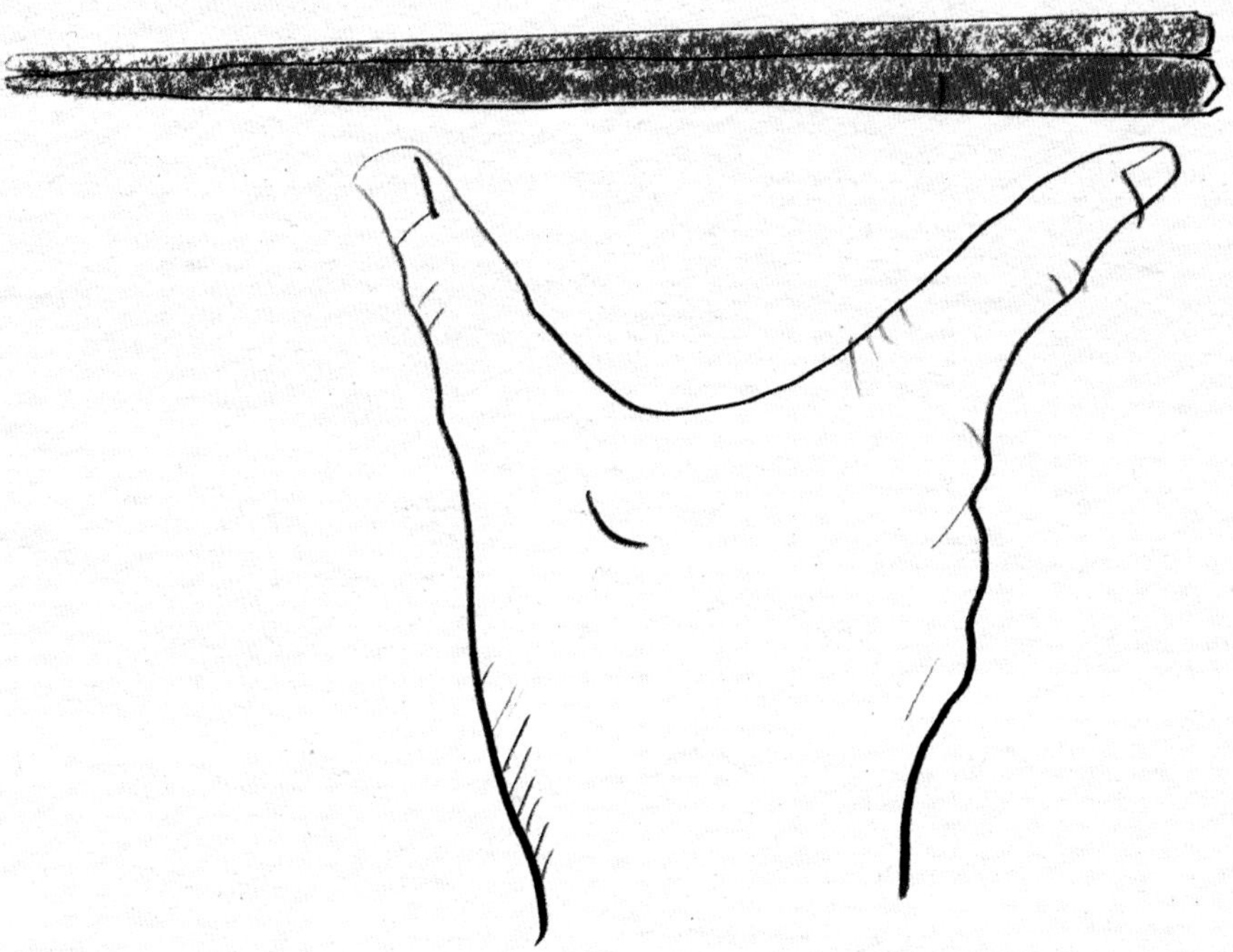

PART

03

THEORY

うつわを調える

実際にうつわを買うときに
どんなものから揃えたらいいのか迷いませんか？
ここでは基本のうつわを揃えるための
考え方をセオリーとしてまとめました。

うつわを調える①

飯碗など基本のうつわは手なじみが大事

和食の基本スタイルをイメージして手なじみのよいうつわを選ぶ

「一汁三菜」とは、主食であるご飯をベースに、汁物をひとつ（味噌汁）、おかずを三つ（主菜＋副菜＋副々菜）、さらに香の物（漬物）を合わせると栄養バランスのよい食事になる、という考え方です。

それが理想であることは理解しているつもりでも、あわただしい日常でそのスタイルを完璧に実践することは難しそう。

そういった状況を踏まえ、最近は「一汁一菜」（もしくは「一汁二菜」）といった簡素な食文化も見直されています。こうしたシンプルなスタイルを日々の食事にうまく取り入れれば、「おかずを三つ揃えなくては……」というプレッシャーやストレスから解放される方も増えると思います。

ただ、和食の場合、「一菜」でも「二菜」でも、基本はご飯と味噌汁と漬物。

これからうつわを調えようとするときには、この基本を心得た上で、手なじみのよいものを選んでみてください。

ご飯をよそう飯碗、味噌汁を注ぐ汁椀、香の物をのせる豆皿──。これらのうつわにお箸を加えた四点については和食のスターターキットとしてとらえましょう。

前のページであげた四つのアイテムのうち、特に飯碗・汁椀・箸の三つには、日本のうつわならではの「ある特徴」があります。

　それは、これらが「私だけのうつわ（*属人器）」であるということ。ふだんの食卓を見渡してみてください。飯碗と箸は占有者が決まっていることが多いでしょうし、汁椀についても同じように扱われることが多いのではないでしょうか。

　自分だけのうつわだからこそ、選ぶ際にはちょっとわがままになってみたいもの。いろいろなお店を回り、時間をかけて、手にしっくりなじむものを選んでみてください。

飯碗

手なじみのよいサイズの飯碗を選ぶ目安は、ふたつ。

ひとつめは、**直径**。両手の親指と中指を使って作るマルの大きさが、自分の手に適した飯碗の直径だといわれます。

ふたつめは、**深さ**。親指を口縁に、中指を糸底に添える形で持ったとき、無理な力がかからないか確認してください。深すぎたり浅すぎたりすると、手と指に不要な力がかかり、ストレスになってしまうので注意して。

箸

P42のコラムでも書きましたが、箸のちょうどよいサイズを示す表現に**箸は一咫半《ひとあたはん》**というものがあります。

かなりアバウトな表現のようにも思えますが、長短のサイズ感覚は、人によってかなりの差があるので、身体尺による箸選びは合理的だと思います。

自分に合ったサイズの箸を選ぶことは、心地よい箸使いにつながり、それは美しい所作を生み出すことでしょう。

実際に手になじむかどうか確認してから購入を。

汁椀

ちょっと敷居が高く感じられるかもしれませんが、熱い汁物用には**木製の漆椀**を。

木は熱を伝えにくい素材なので使い勝手がよく、傷んでしまった場合には**お直し**も可能。環境的観点からも、廉価の樹脂椀を使い捨てにするのではなく、木製の漆椀を修繕しながら、長く愛用していくことをおすすめします。

手なじみのよさを考えて作られた一般的な汁椀は、直径が四寸前後。具だくさんの汁物が好きな方は、容量がたくさん入りそうな形状のものを。

豆皿

もともと食卓を清めるためのお塩を盛ったことから、**手塩皿《てしおざら》**（**おてしょ**）とも呼ばれる四寸以下の小さなお皿。

和食では香の物をのせるうつわとして重宝されてきましたが、他にも薬味皿・醤油皿などに使えて便利です。

また、コレクションアイテムとして変わった形の豆皿を集めてみるのも楽しそう。そのあたりについてはP106でもう少し掘り下げてお話しします。

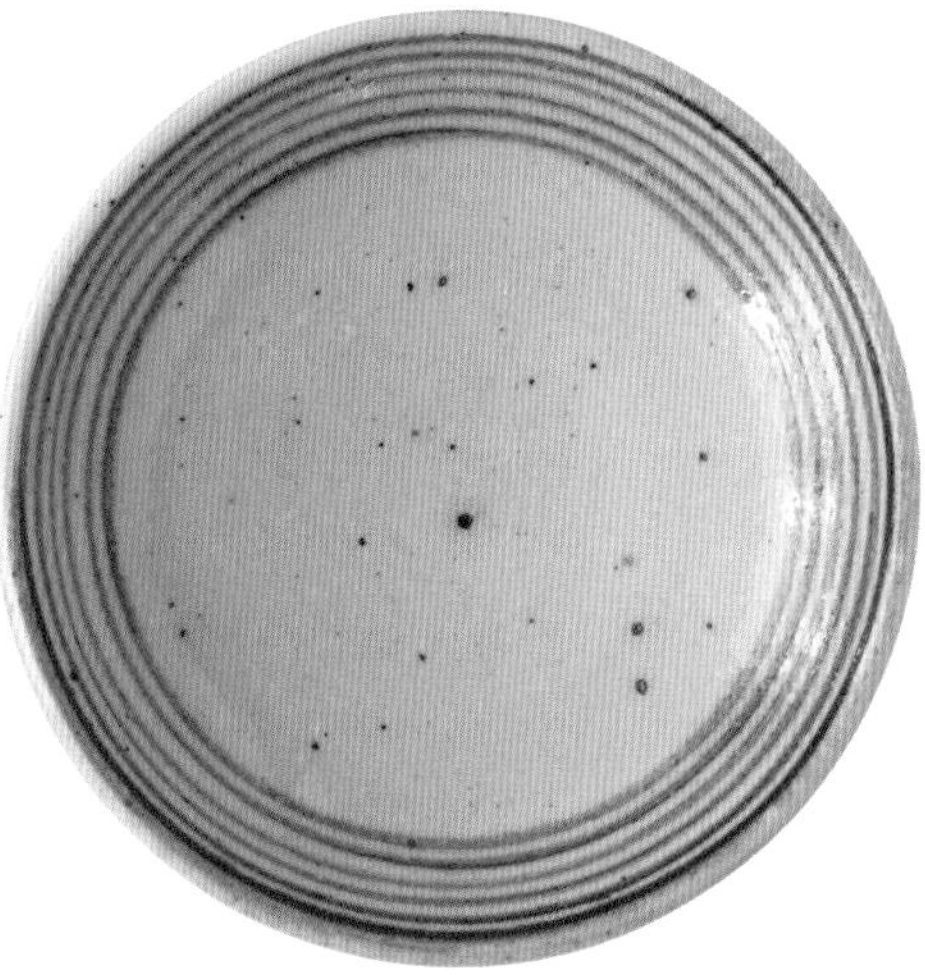

THEORY
010

うつわを調える②

皿と鉢は2サイズずつ揃えてみる

使い勝手のよさそうな四点を揃えてみて

シンプルな皿と鉢は使い回しが利くので、サイズを整えて持っていると便利です。

揃えておきたいのは、中皿・小皿・中鉢・小鉢の四種類。それぞれ家族分の枚数を用意しておくと、前項のうつわ（飯碗・汁椀・豆皿・箸）と合わせて、和・洋・中・エスニック――さまざまなバリエーションに対応できると思います。

「中皿」は主菜をのせるときの一枚。いろいろなおかずを盛り合わせてワンプレート的なうつわ使いをすることが多いなら、八寸に近い大きめサイズのものを選んで。

「小皿」は元々一品料理を盛るお皿ですが、現在は大皿料理の取皿として使われることが多いと思います。汎用性を考えるなら、ケーキや和菓子などデザートに兼用できるものを選んでもよいでしょう。

「中鉢」は汁気の多いお料理や立体的に盛りたいお料理に。深めのものを選べば、丼の代わりに使えて重宝します。

「小鉢」はいちばん小回りの利くアイテム。伝統的な和食では副菜や副々菜を盛るうつわですが、デザートやスープなどにも応用してみてください。

この四点はうつわ使いの基本になるので、さまざまなシーンで使い回せることを第一に考えて。盛るべきお料理が限定されてしまってはいけないので、極端な形状・クセのある形状のものは避けた方がよいでしょう。

中皿

五寸（15cm）～八寸（24cm）

一皿で完結する献立に使いやすいのがこのサイズのお皿です。

角型や山型の食パンをのせるのにちょうどよい大きさなので、上の写真ではスクランブルエッグとベーコンを添えたトーストを。

また、カレーやパスタ、チャーハンなどにも使うなら、七寸～八寸のものを選んで。下の写真では遊び心のある桃のショートパスタを盛ってみました。

小皿

四寸（12cm）～五寸（15cm）

取皿や菓子皿として便利なサイズで、活躍の機会が一番多いうつわです。

上の写真ではかわいいおにぎりを漬物とともに。小ぶりのロールパンや菓子パンなどをのせてもかわいいと思います。

菓子皿としても使い勝手がよいので、焼菓子や和菓子などにも。下の写真ではパウンドケーキをカットしてのせています。

中鉢

五寸（15cm）〜七寸（21cm）

六寸程度の直径＋三寸程度の深さの中鉢を選ぶと、さまざまな用途で使えます。

麺類や丼物にもぴったりなので、思い通りの丼に出会えない方は、中鉢を上の写真のように使ってみるとよいでしょう。

また、サラダボウルやシリアルボウルとして使ってもOK。下の写真では、色鮮やかなフルーツとビーツをさっと和えたサラダを盛りつけてみました。

小鉢

四寸（12cm）〜五寸（15cm）

小鉢は、和食の基本といえるうつわ。和え物や酢の物はもちろん、上の写真のように冷奴を盛るのも定番の使い方です。

また、洋のアイテムの代用品としても使える汎用性がこのサイズのうつわのよいところ。下の写真のようにスープカップの代わりとして使えるほか、デザートボウルとしてヨーグルトやアイスクリームにも。

うつわを調える③

大皿と大鉢は汎用性を重視して選ぶ

ホームパーティーに使える八寸以上の大きなうつわ

「配膳」という言葉がある通り、四角い小さなお膳に飯碗・汁椀・小鉢・小皿を並べ、一人分のお料理を各々に配するのが、古い時代の和食の流儀です。

しかし、家庭料理の献立が多様化した現在は、お料理を大きめの盛皿（*共用器）で供し、各自が取皿に取り分けるスタイルで食事することも多いでしょう。

こういった配膳方法は中国料理（もしくは卓袱《しっぽく》料理）のうつわ使いにヒントを得たもので、「大皿料理」と呼ばれます。

その場合でも、前項でお話しした四アイテムを揃えておけば、使い回しが可能です。中皿→盛皿、小皿→取皿、中鉢→盛鉢、小鉢→取鉢、と用途を置き換えましょう。

ただ、家族の人数が多かったり、ホームパーティーが多かったりすると、中皿や中鉢では寸足らずに感じられるかもしれません。そんなときには、八寸以上の「大皿」や「大鉢」を新調してみましょう。

これらの大きなアイテムにはそれなりの収納スペースが必要なので、うつわ選びは慎重に。汎用性があり、長く使っても飽きのこないものを選んでください。

うつわを調える④

カップ類はマイルールで自由に揃える

用途にしばられず使えるフリーカップやグラス

基本のうつわが揃ってきたら、次は飲み物のうつわを選んでみましょう。

ふだん何を飲み、それがどれくらいの量なのか、日々の暮らしぶりと向き合いながら、自分にとって必要なうつわを少しずつ揃えていってください。

たとえば、日本茶を飲むときでも、湯呑と名がついたうつわにこだわる必要はありません。たっぷりお茶を飲む方であれば、大ぶりのそば猪口やフリーカップを使うのが自然ですし、手に力が入りにくい高齢の方や小さなお子さんであれば、把手《とって》がついたマグカップを使ってもよいのです。

またグラスについても同様。ワインはグラスによって味も香りも違ってきますが、食事とともにワインをたくさん飲む方だったら、高価なワイングラスを揃えずとも、使い回しが利く厚手のウォーターグラスを調える、という手もあるでしょう。

日常（ケ）のうつわ使いでは、「この使い方って間違ってる？」などと考えないこと。一般的な基準ではなく、ご自身の使い勝手の方を重視して、食器棚の中身を自分流にカスタマイズしていってください。

飲み物のうつわ

マグカップ

元々日本には持ち手の付いたカップ状のうつわはありませんでしたが、近年は、コーヒーや紅茶を飲むときだけではなく、日本茶を飲むときにもマグカップを使う方が増えています。

P46では、「私だけのうつわ（*属人器）」という考え方に触れましたが、マグカップも同じように使われることが多いようです。難しく考えず、自分の目と手と心にしっくりなじむものを。家族でお揃いにせず、バラバラのものを使うのも楽しいと思います。

フリーカップ・そば猪口

フリーカップというカテゴリーに明確な定義はありません。

そば猪口であれタンブラーであれ、そのうつわが汎用性を持っていれば、それはフリーカップと呼ばれてしかるべきでしょう。

お茶やコーヒーの他、焼酎などお酒にも。また、口縁が広めのフォルムであれば、デザートや甘味などにも使えて用途が広がりそう。自分の食生活に合った形状・サイズのものを選んでみてください。

脚付きのグラス

高価なものでなくてもよいので、ステム（脚）が付いたグラスを用意するのもアリ。P102でもお話ししますが、高脚のうつわは人の心を昂揚させるので、おもてなしの時などに使ってみましょう。

グラス・コップ

ガラスの素材感を活かしたグラス（コップ）は、冷たい飲み物に不可欠のアイテム。

汎用性を考えれば、200～250㎖くらいの容量のものが使いやすいと思いますが、手なじみの良さや安定感とともに自分の嗜好なども考慮して。

COLUMN

国民食のうつわ

われわれが日常的に食べているカレーとラーメン。

　言うまでもなく、それぞれインドと中国にルーツを持つお料理ですが、日本人の味覚に合わせたカスタマイズが功を奏し、海外では日本料理として認識されるほどの存在になりました。

　和食とは呼べないにしても、「日本の国民食」であることに異論がある方は少ないと思います。

　では、これらを食べるときのうつわは、どのようなものがよいでしょう？

　それについて考えるなら、カレー皿でもラーメン鉢でも、「一器多用」という考え方で、他の用途にも使い回しが利くかどうかを重視してみてください。

　たとえば、カレー皿だったら、円形か楕円形で、直径は七寸以上のものを。この形状ならば、パスタやチャーハンなど簡単ごはんにも使えるはずです。

　またラーメン鉢には、直径五寸半程度でしっかりとした深さのある丼を。他の麺類や丼物などに転用できるものがおすすめです。

　カレー皿もラーメン鉢も、他のお料理に使っているシーンがいくつか同時に浮かんでくるようであれば、そのうつわはあなたがお迎えするのに相応しいものだといえるでしょう。

PART

04

THEORY

食卓を整える

うつわは料理を盛って食卓に並べてこそ美しく見えるもの。
ここでは、テイストのお話や、うつわの色と食材の関係性など
複数のうつわをコーディネートする際に役立つ
セオリーをまとめました。

テイストで整える①

自分が好きなうつわのテイストを知る

自分の好みがどのカテゴリーに近いか把握することで食卓に調和を

うつわを選ぶ際の基準について、これまでは実用性（サイズと形状）という面で考えてきましたが、もうひとつの基準になるのが、自分の美意識《センス》です。

左のチャートでは、うつわのテイストをざっくりと十のカテゴリーに分けてみました。あなたの好みは、この中のどのテイストに一番近いでしょうか？

「マイテイスト」を自覚しながら、それに添ってうつわを集めていくと、日々の食卓には自然と調和が生まれます。

また、点線で結ばれたテイスト同士は相性が良好。変化のあるうつわ使いを楽しみたい場合は、相性を確かめつつ、複数のテイストをミックスしてみてください。

ただ、あまりに多くのテイストを混在させると、テーブルの上が渋滞気味になり、肝心のお料理がかすんでしまうことも。一度の食事で同居させるテイストの種類は、三つ程度にとどめておきましょう。

陶器市などを訪ねると、衝動買いの誘惑に駆られがちですが、そんなときは逸る心を抑えながら、このチャートのことを思い出してみてください。

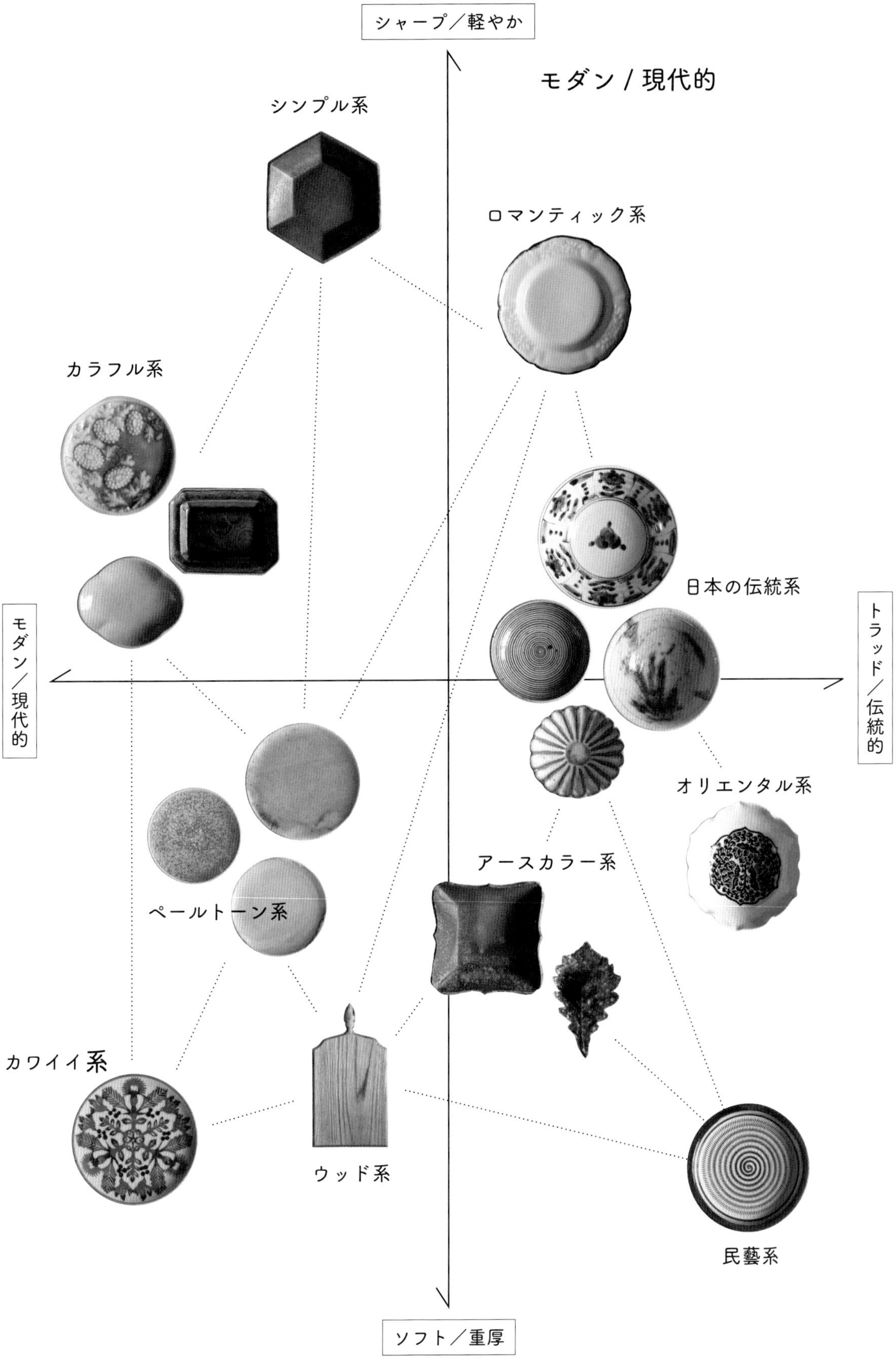
シャープ／軽やか
モダン／現代的
シンプル系
ロマンティック系
カラフル系
日本の伝統系
モダン／現代的
トラッド／伝統的
オリエンタル系
アースカラー系
ペールトーン系
カワイイ系
ウッド系
民藝系
ソフト／重厚

民藝系

民藝運動の理念を大事にする工房のうつわは、使うことでその美しさが際立つ**用の美**という概念に基づいて作られています。

日々のヘビーローテーションにも耐えうる、しっかりとした造りのうつわは、ナチュラルで健康的な印象です。

オリエンタル系

かつて茶人に好まれてきたのが、中国や朝鮮半島、東南アジアからもたらされた**エキゾチック**なうつわ。

それらのうつわの技法や様式を取り入れたうつわは、いにしえの茶人たちに倣って、お茶やお酒を楽しむ嗜好の時間に使ってみるとよいのでは。

日本の伝統系

古くからやきものを生産してきた日本では、産地ごとにさまざまな作風や技法が生み出されてきました。

ここでは、**有田焼**と**九谷焼**の磁器、**萩焼**と**唐津焼**の陶器を並べて。産地ごとの多様性を楽しみつつ、伝統の手わざを愛でてみてください。

ペールトーン系

やきもので淡い色合いを表現するのは技巧的に難しく、やわらかなペールトーンは、伝統的な陶磁器ではあまり見かけなかった色合いです。

北欧デザインの影響が感じられるうつわたちは現代性にあふれ、使う人の心をゆるませる魅力を持っています。

カラフル系

ビビッドな色合いは、使う人の気分を昂揚させてくれるもの。

色とりどりの**豆皿**や**グラス**などをその日の気分に応じて使えば、食卓のちょっとしたアクセントになり、日々のルーティンの中に明るい彩りを添えてくれるでしょう。

カワイイ系

草花や動物などのモチーフを、イラストレーション的なアプローチで描き出したうつわには、乙女心をくすぐるかわいさが宿っています。

お気に入りの作り手を見つけ、新作が出るのを見計らってコレクター的に調えていくのも楽しいのではないでしょうか。

ロマンティック系×シンプル系

ヨーロッパ骨董に見られるようなロマンティックなたたずまいのうつわは、いつか使ってみたい憧れのアイテム。

ただ、このテイストのうつわだけでまとめてしまうと、食卓の雰囲気が甘くなりすぎるおそれもあります。そんなときは、直線的な要素が強いミニマルなデザインのシンプルなうつわを合わせてみて。食卓がキリっと引き締まります。

アースカラー系×ウッド系

土や緑や海をイメージしたようなアースカラーのやきものと親和性が高いのは、自然の風合いを活かした木のうつわ。

どちらのテイストも渋い色合いなので、華やかさに欠けるように思われるかもしれませんが、お料理を盛ったときに真価を発揮する盤石の組み合わせです。

テイストで整える②

素地の厚さと表面のツヤ感に注目してみる

素地の厚さやツヤ感を合わせるとまとまり感が出る

前項P61のチャートでは、絵付や加飾や風合いなど、「テイスト」の面からうつわを十カテゴリーに分類してみましたが、もうちょっとシンプルな視点でうつわ使いを楽しみたい方も多いと思います。

であればまずは、うつわ本体の「素地の厚さ」に注目してみましょう。

バラバラな厚さのうつわを混在させてしまうと、食卓全体のバランスがチグハグな雰囲気になってしまいがちです。

使用時の安心感を重視して厚手のものを選ぶか、持った時の軽さを重視して薄手のものを選ぶか——。自分の好みに沿った厚さでうつわを揃えれば、食卓に心地よい統一感が生まれてくるはずです。

そしてもうひとつ、注目しておきたいのが、うつわ表面の「ツヤの有無」。

ツヤが強めのうつわは闊達《かったつ》な印象を、ツヤ消しのうつわはシックな印象を与えるものなので、そのことを意識しながらコーディネートするとよいでしょう。

①厚さを揃えた上で、②ツヤ感の有無で見た目を整える——。ふたつの視点で、自分だけの「解」を見つけてみてください。

すっきりとした
薄手のうつわを合わせて

薄い造りの白磁やガラスのうつわだけでコーディネートすると、エッジの効いた硬質なイメージになりますが、ツヤを抑えた薄手の陶器（土もの）を同居させると、全体がしっとりとやわらかな雰囲気に変わります。

色で整える①

白のうつわは上質なシャツを一枚選ぶ感覚で

着回しの利くシャツのように食卓の軸になる白いうつわ

「白」は一言で括るのが難しい色。

さまざまな色調《トーン》の白が存在するので、少しだけ注意が必要な色だと思います。

「何にでも合わせやすいから、うつわは白で統一しよう」と考える方も多いかもしれませんが、色調や質感が異なる白を同じテーブルで一緒に使うと、思いの外まとまりが悪くなってしまったり、どこか味気なくなってしまったりするものです。

このことは、ファッションに置き換えて考えてみるとわかりやすいと思います。ジャケット、シャツ、パンツ、靴――。これらすべてを白ずくめでコーディネートすることなんて、ほとんどないでしょう？

着るものすべてを白で統一することがないように、食卓のすべてを白でまとめる必要はありません。白がうつわの基本色であることは確かですが、購入するときには、あれもこれも白で揃えようと考えず、どんなシーンでも着回しの利く上質なシャツを一枚吟味するような感覚で。

日々の食卓の軸となるようなポジションで使うことを前提に、自分の感覚に合った白のうつわを選んでみてください。

いろいろな白

陶土×マット釉×貫入

やきものは、乾燥と焼成の工程を経ることで素地の水分が抜けて体積が縮みますが、焼成後の冷却段階でもやはり収縮が起こります。

このときに素地の土と釉薬の収縮率が大きく異なると、それぞれの縮み方の差により、釉薬の層に**貫入**と呼ばれるヒビ状の模様が入ります。

作り手によっては、焼き上がったうつわを柿渋や墨などで染め、貫入を装飾として際立たせることもあります。

陶土×化粧土

白磁が登場する前、白いうつわを作るために編み出されたのが、陶土に化粧土（白泥釉）を掛けて表面を白く仕上げる**粉引**という技法。化粧土の層は水を吸う性質を持っているので、使うごとにお料理の色が少しずつ染みつき、長い時間をかけて表情が変わっていきます。そういった経年変化を、うつわの世界では**育てる**と呼んで大事にしています。

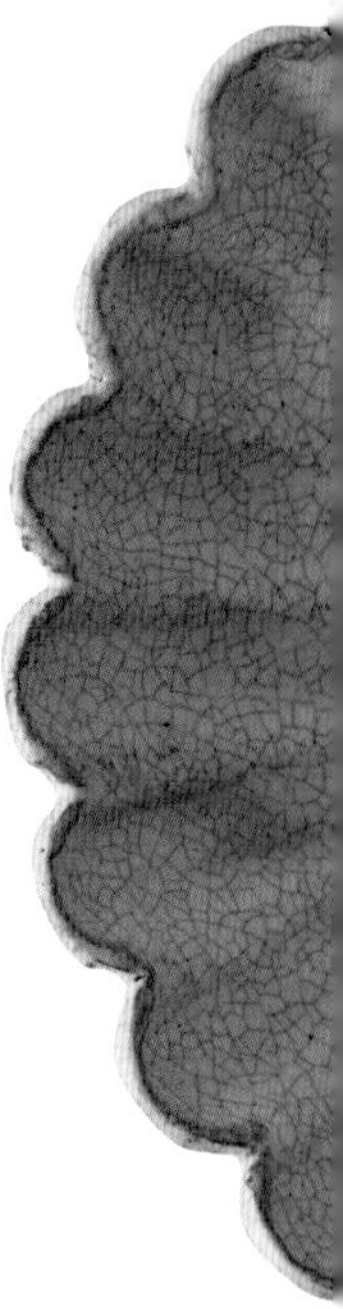

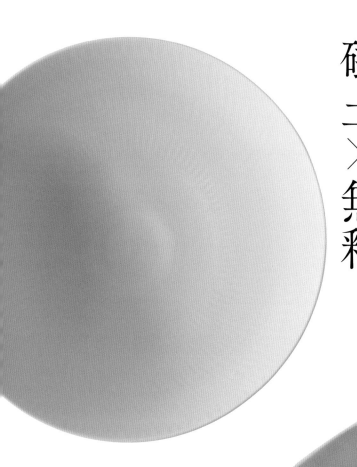

磁土×無釉

磁器は、陶石を精製して作られる磁土を原料としていて、焼成すると白く発色する性質を持っています。

通常は釉薬を掛けて焼成することがほとんどですが、表面をよく磨き上げ、釉薬を掛けずに高温で焼成すると、磁土の美しさをダイレクトに感じられる焼締の白磁ができあがります。

磁器ならではのきめ細かい質感は活かしつつも、表面のツヤを抑えているので、お料理を盛るとやわらかな影を落とし、落ち着いた印象に。

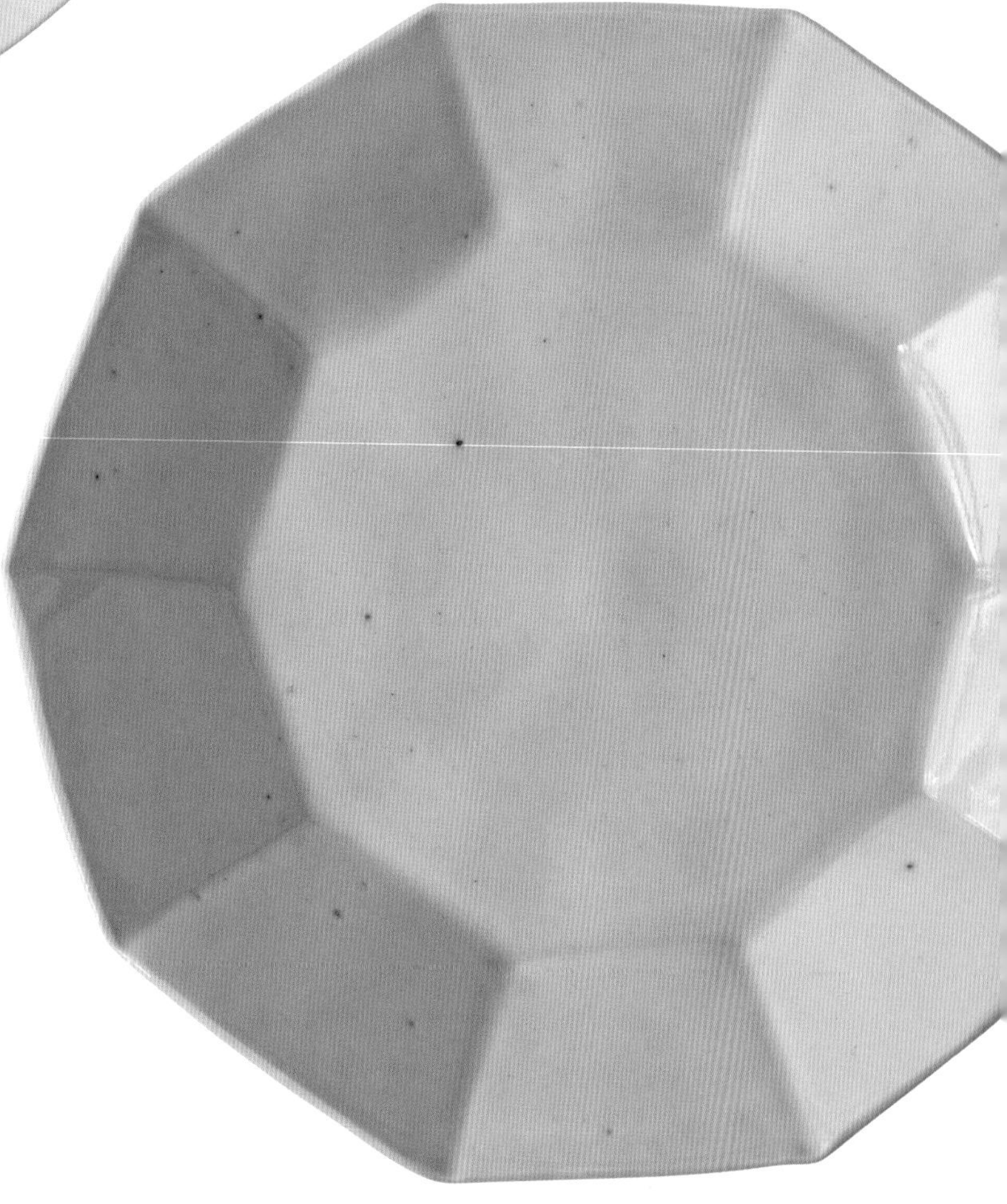

磁土×長石釉

透明感のある釉薬をかけるとシャープな雰囲気に仕上がる磁器ですが、長石系の釉薬を掛けて焼成すると表面に不透明な層ができます。

たとえば、長石を含む白川山土を調合した有田焼の釉薬は、初期伊万里の時代から四百年に渡って使われてきたもので、やさしい釉肌を生み出すことが知られています。

クリアでシュッとした白磁も素敵ですが、古色を感じさせるとろりとした質感の白磁もよいたたずまいです。

色で整える②

旬の食材の色を黒いうつわで引き出す

季節ごとの食材の色をしっかり受け止める色

白と並ぶベーシックな色が、黒。

白にいろいろな色調があったように、黒にもさまざまな色調があります。

つややかな黒、マットな黒、まだらの黒、金属のような質感の黒、また褐色に近い黒や紺色に近い黒など――この色のバリエーションはかなり豊富です。

ただ、どんな色調であっても、黒系のうつわには共通点がひとつあります。

それは、黒は朱に交わっても赤くならない色であり、他の色の影響を受けにくいということ。つまり、どんな色の料理であっても、不動の安定感でしっかり受け止めてくれる度量を持っているわけです。

そういった黒系のうつわの特性は、日常の食卓で年間通して使ってあげることで存分に活かすことができます。

和食店などのプロの料理人は、季節によってうつわを使い分けて、食べる人の目を楽しませますが、家庭で季節ごとにうつわの衣替えをするのは非現実的。

そんなときには、ぜひ黒いうつわを。

どの季節であっても、旬の食材を美しく引き立ててくれることでしょう。

窯変の黒

黒釉の一種・天目釉を燻すような焼成法で焼くと、表面の風合いが金属的に変わります。

窯の中で起こるこういった化学的な変化は「*窯変《ようへん》」と呼ばれ、やきものの世界では古くから珍重されてきました。

ベーシックな黒

ふだん使いのうつわの加飾によく使われるのが、鉄分を含む黒い釉薬。

民藝陶器を制作する産地ではおなじみの釉薬で、少々重たい印象を持つ方もいるかと思いますが、シンプルな造形のものを選べば、さまざまな用途で活躍してくれます。

炭化の黒

うつわを木炭や籾殻《もみ》とともに「匣鉢《さや》」という小さな容器に詰めて焼成すると、匣鉢の中の酸素が少なくなり（*強還元状態）、やきものの表面には炭素が付着します。

鉄分を含む土で成形したものを無釉の状態で焼成すれば、味わいのある黒の*焼締《やきしめ》に。

春

この季節の食材の特徴は、目にやさしく映る淡い色。

タケノコやゼンマイ――。冬から目覚めたばかりの若い食材は、香り豊かなお出汁でさっと仕上げて。黒いうつわは、文字通り「黒子」のような存在として旬の色を際立たせてくれます。

夏

色鮮やかな野菜が市場に並ぶようになるのは盛夏が近づく頃。

情熱的なトマトの赤、目が覚めるようなトウモロコシの黄色、そして爽やかな枝豆の緑――。涼感たっぷりのジュレと和えた夏野菜たちは、黒い色とのコントラストでさらに色鮮やかさが強調されることでしょう。

秋

秋は実りの季節です。

大地の恵みとして立派に育ったサツマイモは、その象徴。深い味わいの牛の赤味肉とともにローストし、旬の甘みとほっくりとした食感を楽しんで。

黒いうつわに盛れば、黄金に輝く実りの色はさらに鮮やかな印象に。

冬

寒い日には、お出汁をしみこませたふろふき大根が恋しくなります。

甘くて瑞々しい大根の透き通るような白と香り付けに添えられた柚子のやさしい黄色——。これらの食材の地味な色を引き立ててくれるのは、やはり抑制された黒ではないでしょうか。

うつわの青は料理が引き立つ万能の色

長く愛され続けてきた染付をはじめとしたブルー

うつわを選ぶとき、寒色である青い色を避けてしまっている人はいませんか？

食卓をあたたかい雰囲気に見せるためには暖色のうつわを使うのがよいと思われがちですが、もういちど原点に戻って、ふだん作るお料理に使っている食材の色を思い起こしてみましょう。

太陽や大地の恵みを受けて育った野菜・果物および肉は、褐色・赤・黄色などの暖色。さらに、葉物野菜は緑色、根菜は白、魚はおおよそ淡色です。

うつわはお料理を引き立てるための存在なので、食材がかすんでしまいそうな色はなるべく避けるべき。そうなると、うつわ選びの際に、「食材にはない色＝青」という選択肢が浮上してくるはずです。

たとえば、青い絵具（*呉須）で描画された「*染付《そめつけ》」と呼ばれるうつわがありますが、このうつわが四百年にわたって日本の食卓で愛され続けてきたのは、お料理を引き立てる青の色彩効果が潜在的に認識されてきたからかもしれません。

うつわの青は、歴史に裏付けられた万能の色だと心得ておきましょう。

いろいろな青

呉須が引き出す青

染付に使われる呉須絵具の原料はコバルト。鉱物由来のこの絵具の色は元々くすんだグレーですが、焼成することで美しい青へと変化します。

呉須は絵具のほか、呉須釉や瑠璃釉といった釉薬の原料としても使われます。色の濃淡や明度など、その発色具合は、調合によってさまざまです。

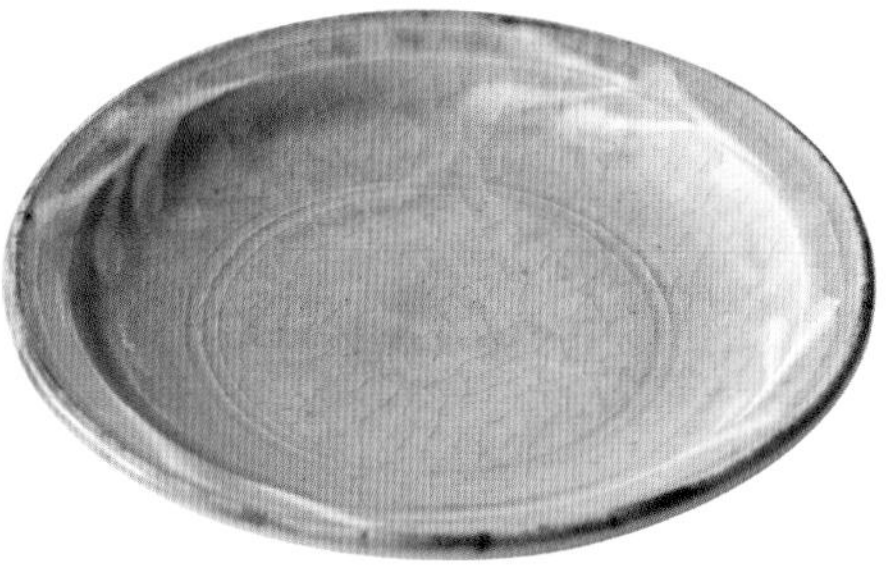

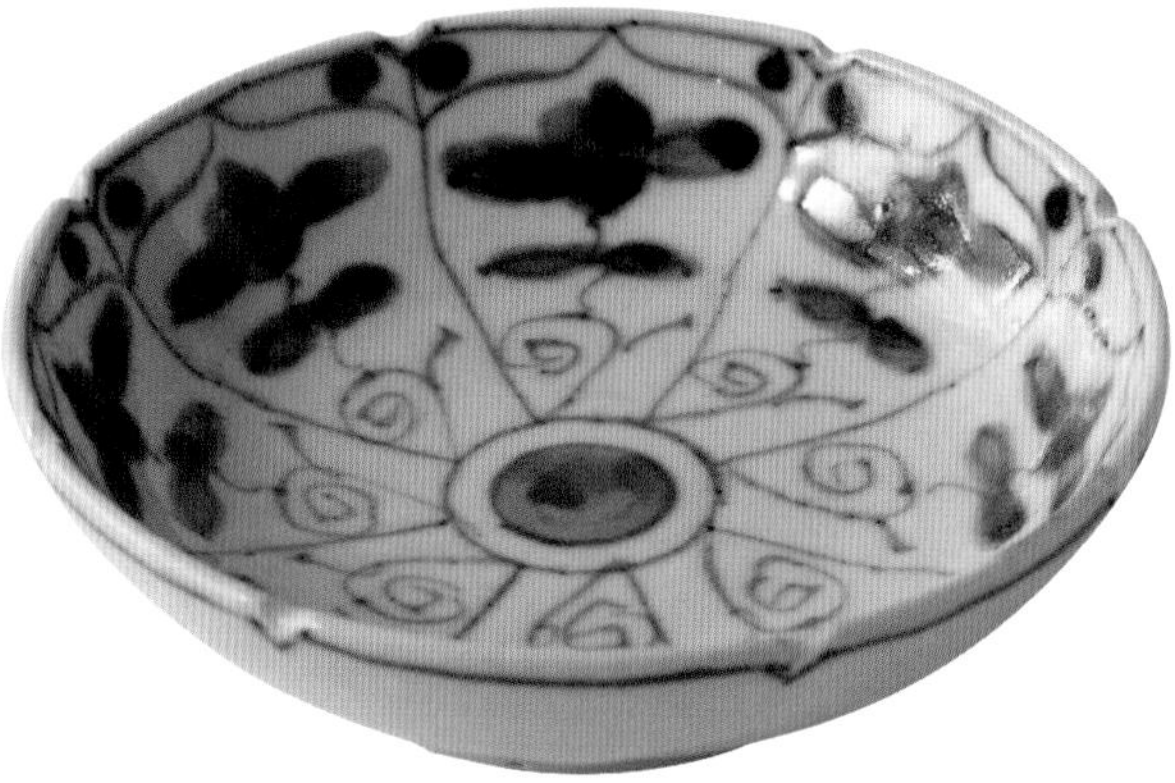

灰が引き出す青

一方、青系の釉薬の中には、植物由来のものも。

稲藁《いなわら》や籾殻《もみがら》などの灰を使った釉薬は、焼成によって青く発色させることができます。また、籾の灰に銅を加えた釉薬で青いうつわを制作することもあり、灰を使った釉薬は、さまざまな青を生み出します。

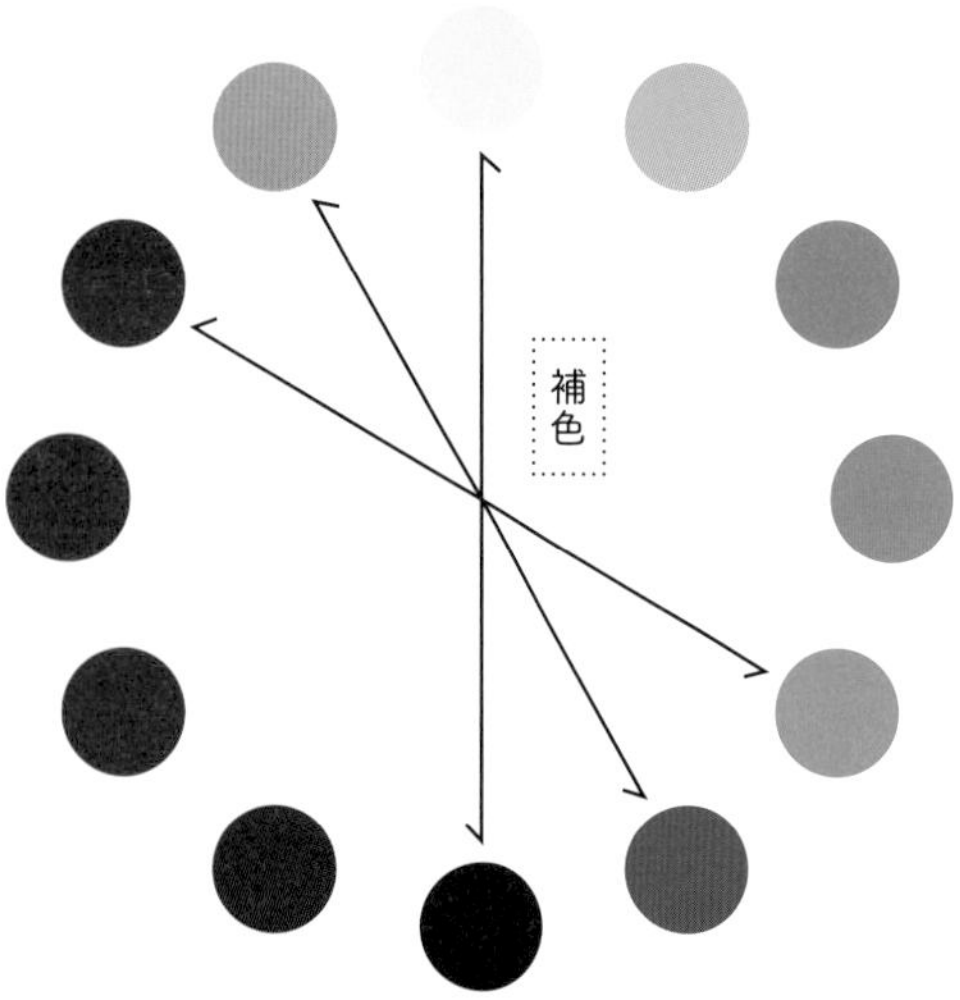

青は、かなり仲間が多い色ですが、ここではあまり厳密に考えず、ざっくりと「青系」というとらえ方をしてみます。濃紺のような深い色もあれば、爽やかな空色もあるし、ちょっと紫に寄ったような鉄紺色、また緑に近い翡翠色などもこの仲間に入れてよいと思います。
デザイン系の学校の授業では、よくカラーチャートを使って色の相性を考えるものですが、この図で向かい合わせの位置にあるのが好相性の「補色」。青系の色の補色に注目すると、そこには食材を形作る色が多いことに気付きます。

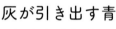

暮らしになじむ渋系の色を食卓の定番色に

色で整える④

流行に左右されない盤石な安定感

大人っぽい雰囲気を醸す渋系の色。地味に感じられる色なので、若い方の中には避けてしまう方もいると思いますが、緊張感を和らげ、心を落ち着かせる効果があることを覚えておきましょう。

当然のことかもしれませんが、土や木灰などを原料とするやきものには、この色合いのものが多く見られます。

陶芸材料が進歩した現在は、カラフルでポップな釉薬を使ったうつわが増え、それも素敵だとは思うのですが、渋系の色のうつわには、流行に左右されない、やきものという工芸の普遍的な魅力が宿っているように思えてなりません。

無釉の*焼締《やきしめ》に見られるような赤褐色、灰釉が醸すカーキ色やベージュ色など——。渋系と一口にいっても、そのバリエーションは広めにとらえておいてよいと思います。

これらの色は、これまでお話ししてきた白・黒・青のうつわとも相性がよく、絵付磁器などとあわせて使っても素敵です。

渋系の色のうつわを食卓で実際に使ってみると、そこには盤石の「なじみ感」が生まれることでしょう。

COLUMN

道具をうつわとして使う

ふだん使う調理道具は、金属製やプラスチック製のものが多いと思いますが、やきものや天然素材の道具の中には、食卓に出せば、そのままうつわとして使えるアイテムもあります。

たとえば、注ぎ口が付いた陶磁器の「片口鉢」。本来は酒や醤油を注ぐための道具ですが、ドレッシングなどを作るときにはボウルとして使えますし、食卓でそのままピッチャーとしての役割も果たします。

また、民藝専門店などでよく見かける陶製の「すり鉢」。こちらは胡麻をすったり山芋をおろしたりしたあと、別のうつわに移し替えることなく、鉢としてしつらえることができます。

同じく陶器の道具には、細かく目を立てた「おろし皿」も。こちらは純粋な調理道具であるおろし金と違い、大根や生姜をおろしたあとは薬味皿として使えるすぐれものです。

さらに、竹製の調理道具である「ざる」は、湯切りした蕎麦などを冷水でしめ、受け皿を添えれば、趣のある竹の麺皿として食卓に供することができます。

これらのアイテム以外にも、やきものや天然素材の道具が家にあれば、それらの役割を別の視点で、見直してみましょう。

PART

05

THEORY

うつわに盛りつける

うつわが調ったら、実際に料理を盛りつけてみましょう。
フードコーディネーターのタカハシユキさんに
美しく見栄えする盛りつけのコツや
シーンに合わせた盛りつけについて教えてもらいました。

うつわ使いの実践①

一汁一菜は一枚のお盆にまとめる

お盆にのせることで食のスペースが生まれる

リモートワークが増えた昨今、家で一人の昼食をとる機会も多いのでは？　食事は自分一人だとおざなりになってしまいがちですが、簡素でも構わないので、栄養バランスに気を配った食事スタイルを心がけるべきだと思います。

たとえば「一汁一菜」は、ごはんと味噌汁とおかず（＋香の物）という、無駄を削ぎ落した組み立てで構成するシンプルな食事のこと。言わば和食の基本です。

この一汁一菜に必要なうつわは、飯碗、汁椀、おかず用のうつわ（鉢か皿）の三点とお箸。さらにオプションとして、漬物（香の物）や佃煮（常備菜）をのせる豆皿や蓋物などを添えてもOKです。

三点のうつわに食事を盛りつけたら、お箸を添えて尺二寸（直径36㎝）程度のお盆にのせ、キッチンからテーブルへ。

たとえテーブルの上に仕事の書類が散乱していたとしても、食事をのせたお盆をしつらえれば、その場に「お膳」という食のスペースが現われることになります。

また、食べた後にそのまま片付けられるのも、お盆を使うメリットです。

うつわ使いの実践②

一汁三菜は布製のマットにしつらえる

銘々にたくさんお皿を並べるならランチョンマットが便利

「一汁三菜」は、ごはんと味噌汁と香の物をベースに、おかず三品（主菜＋副菜＋副々菜）を加えた食事で、「一汁一菜」の豪華版と考えてもよいでしょう。

おかず三品は、大人数で食事する場合には、大皿料理として供するのが合理的でしょうが（P90）、少人数での食事であれば、古くからの和食の流儀にしたがって、お料理を一品ずつうつわに盛り分け、一人分ずつ配膳してみたいものです。

飯碗、汁椀、主菜用の皿、副菜・副々菜用の小鉢、豆皿、お箸――。これらを人数分用意するとなれば、使ううつわが各段に増えることになりますが、その分、（視覚的な意味も含めて）食事の時間を贅沢な気分で楽しめるのではないでしょうか。

そのように整えた一汁三菜のうつわたちをお盆にまとめるのは難しいので、代わりに布製のマットを使ってみましょう。

市販のランチョンマットを使うのが常道ですが、手持ちの手ぬぐいを適当なサイズに折って代用する、という手もアリ。

布製のマットは、「布でできたお膳」と考えるようにしてください。

うつわ使いの実践③

ストレスのない盛りつけ方で三菜を楽しむ

忙しいときには大皿料理のスタイルで盛りつけを

P86では、クラシックな配膳スタイルで「一汁三菜」の食卓をしつらえてみましたが、日によっては、細かいコーディネートに気を配る余裕がないこともあるでしょう。そんなときは、もう少しカジュアルなスタイルでうつわに盛りつけを。

たとえば、大人数で食事をする場合、一人分ずつお料理を盛りつけて供するのは大変な作業です。そんなときは「大皿料理」のスタイルで、大きめのうつわに三菜を盛り、そのままドンと食卓へ。あとは人数分の取皿や取鉢を用意するだけなので、うつわを準備する負担は減るはずです。

また、一人で食事する場合は、おしゃれなカフェでいただくランチのように、一枚のプレートに盛り合わせて。

本来目と心を楽しませるはずの盛りつけが、ストレスになってしまっては本末転倒。時間があるときは凝ったうつわ使いをするけれど、時間がないときには無理のないうつわ使いをする、という時宜に応じたメリハリも必要だと思います。

このあとのP90とP91では、三菜の盛り方の例を二通りご紹介してみます。

THEORY

021

みんなのための盛りつけ

旬の魚と野菜をグリルした主菜を一品、そこに根菜入りのグリーンサラダと彩り豊かなフルーツの和え物を副菜・副々菜として加えてみました。

三名を超える人数でテーブルを囲むのなら、バランスよく整えたこれら三品のおかずは**大皿料理**として供してみましょう。

細かくカットした食材がばらけやすいお料理は、深さのある鉢に盛ってまとまりよく。また、色や形など食材自体に存在感があるお料理は、平たいお皿に盛って目で楽しんで。

バランスよくうつわをしつらえれば、食卓はにぎやかな印象に。

自分のための盛りつけ

前の晩に大皿料理として盛りつけたお料理を、翌日の昼食時にひとりでいただくシーンもあるでしょう。前日の残り物であるのは確かですが、うつわは、それらを素敵なお料理に見せてくれるための存在です。

たとえば、リムのついたプレートを使えば、無造作に盛り合わせてもカフェでランチをしているようなおしゃれな雰囲気になります。

ワンプレート盛り合わせは、準備と片付けも簡単なので、多忙なときにおすすめです。

うつわ使いの実践④

同じ献立を皿と鉢で盛り替える

シーンや人数によって盛りつけを変える楽しみ

ご家庭によって、食卓に上る頻度が高いお料理があると思いますが、マンネリを避けるには、盛りつけ方に少しだけ工夫を加えてみるとよいでしょう。

左ページでは、棒棒鶏《バンバンジー》を二通りの考え方にそって盛りつけてみました。

まず、主菜として供するときには、七寸か八寸のプレートに（写真上）。

野菜→蒸し鶏の順番に重ね、黒胡麻のソースを垂らせば、食卓のメインとして存在感のある美しい一品に仕上がります。

また別の日には、副菜として、中鉢や大鉢など深めのうつわに（写真下）。

ランダムにちぎった蒸し鶏を野菜とさっくり和えて盛りつければ、棒棒鶏がサラダ仕立ての副菜に変わります。

この項では、「重ねて盛る」「和えて盛る」というふたつの盛りつけ例を挙げましたが、応用編として、オーバル型のうつわに「並べて盛る」という方法も（P91）。

盛りつけ方のバリエーションを増やすことは、うつわ使いの楽しみを増やすことでもあります。折々の気分でいろいろな工夫を加えてみるとよいでしょう。

THEORY
023

うつわ使いの実践⑤

弁当箱の形にあわせて美しく詰める

持ち運びやすい形の弁当箱に彩りよく詰める

お子さん用、夫用、そして自分用――。学校に持って行ったり、職場に持って行ったり、お弁当を作る目的は各々異なると思いますが、美しく詰めることができずにお困りの方もいるのでは？

弁当箱もうつわの一種。食卓におけるうつわ使いと同様に、自分なりのコツをつかむことで、ストレスなく日々のお弁当ライフを楽しんでみたいものです。

まず、弁当箱選びについては、当然のことながら、持ち運びやすさを第一に考えて。バッグの中での収まりの良さを考えれば、長方形や楕円形など、自ずと細長い形のものを選ぶことになるでしょう。

この項では、「*曲物《まげもの》」や「*指物《さしもの》」といった伝統技法で作られた木の弁当箱を使っていますが、金属製・プラスチック製など、自分の気に入った素材のものでOKです。

P96では、「詰め合わせ系」と「のっけ系」、二種類の詰め方を紹介し、コツと手順を簡単にまとめてみました。

見た目の彩りの良さはそのまま栄養バランスの良さにつながるので、詰めるときにはそのあたりも意識してみましょう。

詰め合わせ系弁当

手順①

おかずは形が決まっているものと決まっていないものに分けます。
まずは形がきまっているものを片側に寄せて詰めていきます。ここでは玉子焼きを。

手順②

次はからあげ。置くような感覚で配していきます。
玉子焼きのように寄せて詰めるのではなく、四隅にできた空白はそのままに。

手順③

隅などにできた空白を埋めるようにブロッコリーなどの野菜を詰めます。

このときに全体が動かないようにギュッと固定していけば、持ち運んでも偏ることはないでしょう。

のっけ系弁当

手順

のっけ弁当の場合は、ごはんがある程度冷めてからおかずをのせていくのがポイント。
メインのおかずを真ん中に配し、その周囲を副菜でバランスよく。

COLUMN

配膳について

和食の配膳にはいくつか決まりごとがあります。

まず、基本となるのが、飯碗・汁椀・箸の位置。

左に飯碗、右に汁椀、箸は一番手前に。豆皿にのせた香の物は飯碗と汁椀の間か、その少し奥くらいに。

焼魚など主菜をのせる皿は右奥、煮物など副菜を盛った鉢は左奥。さらに、和え物など副々菜を盛った小鉢は、これらのうつわの真ん中あたりに。

これで伝統的な配膳は完成しますが、現代は食が多様化。日々の食卓が、純和食で構成されることはまずないでしょう。

日常（ケ）の食卓では、飯碗・汁椀・箸の位置が守られていれば、あとは食べやすいように並べ替えても問題ないと思います。

たとえばP87の写真も、献立内容に合わせてアレンジを加えたしつらえです。

主菜皿を真ん中に置き、左に副菜鉢、右には香の物皿を。また、副々菜は主菜皿の中に盛り合わせて。

純和食の並べ方と異なっても、無理なくスムーズに箸が運べる位置関係であれば、それもまた正解だといえるでしょう。

基本を知った上で、自分流の配膳を編み出していけば、日々の食卓はより心地よいものになるはずです。

PART

06

IDEA

形と素材を楽しむアイデア

ここまでのセオリーを元に、実際にうつわを選び使ってみましょう。

うつわの形状や材質に気を配ることでさまざまな演出をすることができます。

IDEA
001

プレートのリムを額縁に見立ててみる

絵を引き立てる額縁のように料理を引き立ててくれる

「器は料理の着物」と言ったのは、工芸家であり美食家でもある北大路魯山人。

彼の工芸家としての歩みを考えれば、この言葉に出てくる「器」は、伝統的な和のうつわということになるでしょうが、現代生活では洋風テイストのうつわを使う機会も多く、この言葉にも時代にあわせたアレンジを加えてみたくなります。

たとえば、洋風のプレートにお料理を盛るとしましょう。すると、リムが額縁のような効果をもたらし、お料理が行儀よくうつわの内側に収まってくれるような印象になります。極端な例かもしれませんが、簡素な丸パンをそのままのせただけでも、ちょっとリッチな気分になりませんか？

そんなことを考え合わせて、魯山人の言葉を現代風にアレンジするなら、「器は料理の額縁《フレーム》」ということになるでしょうか。

ただし、リム付きのうつわが持つ「額縁効果」に頼りすぎると、フォーマル感が前に出すぎて、少々堅苦しい雰囲気になってしまうことも。全体のバランスを見ながら、その時々のお料理に応じてうまく使いこなしてみてください。

花形のうつわ

縁を花形に象ったうつわは、額縁と同様の効果でお料理をやさしく包み込んでくれます。

柔らかな曲線で象ったものは「輪花《りんか》」、鋭角的な部分を持つものは「稜花《りょうか》」、菊の花弁のように細かく象ったものは「菊花《きっか》」と呼ばれます。

IDEA
002

高脚のうつわで おもてなし感を出す

高さがでることで食卓が華やぐ

ここまで日常（ケ）のうつわ使いを中心に話してきましたが、お客様を招いて……ということになると、ちょっとだけ「ハレ」の要素を添えたくなるもの。

そんなときに使ってみたいのが、ステムが付いた高脚のうつわです。

うつわは本来、座った時の目の高さで見るものなので、大事にしたいのは、座ったときの目線でどう見えるか、ということ。その点、高さがあるうつわは、卓上に立体感を生み出し、その場にそこはかとなく昂揚感や華やぎを醸してくれるものです。

ただ、ホールケーキが乗るような大仰なものを用意する必要はありません。

たとえば、アイスクリームやかき氷に使えるようなガラスのデザートボウル、小さな焼菓子をのせることができるような木工皿など、直径4～5寸のパーソナルサイズのうつわだとデザートをはじめとするさまざまなシーンで使えます。

高脚のうつわは、造型的にデコラティブな印象を与えるので、シンプルな加飾のものを選ぶと使いやすいでしょう。

深めのボウル＋ステム

高脚のうつわの中でも深めの形状のものは、シロップをかけたプリン、またアイスクリームやかき氷などの溶けやすいデザートに。

ヨーロッパのアンティークに見られるような金属製のものも素敵ですが、使い勝手を重視するなら、ガラスや陶磁器がおすすめです。

フラットなプレート＋ステム

浅めのお皿にステムがついたうつわは、**コンポート**と呼ばれることもあります。

元は果物を盛るためのうつわだったようですが、ケーキをのせたり、花を飾ったり、使い方は自由。小さめのサイズだったら、アクセサリー置きとして使ってみても素敵ですね。

IDEA

003

取皿は大きさだけ揃えて 絵柄や装飾はバラバラで楽しむ

うつわを購入するときは、手にしたときの昂揚感＝「情」も大事ですが、スタッキングを含めた収納の算段＝「理」の部分も重要。特に、複数枚調《ととの》えなければいけない取皿については「情」より「理」を優先して。そぐわないサイズのものは、購入を諦めるというシビアなジャッジも必要です。

サイズを揃えると生まれる統一感
取皿はいろいろな物を集めて

取皿（小皿）のような*銘々器については、同じ絵柄のものをいっぺんに揃えるのではなく、気に入ったものを少しずつ集めるという手もあります。

季節にちなんだ絵付けのものや好みの装飾が施されたものを一〜二枚ずつ買い足していけば、折々の食卓でコーディネートの幅を広げることができそうですね。

ただ、サイズについては、きちんと揃えて集めるようにしましょう。

取皿には特に決まりごとがないので、ある家庭にとっては四寸皿が取皿だったり、また別の家庭にとっては六寸皿だったり、その認識はまちまち。

取皿の最適なサイズを決めるのは、食生活（盛り分けるお料理の量）や体感（手なじみのよさ）などの要素です。それらの条件を満たす「ファミリースタンダード」が定まったら、それを定型サイズとして覚えておきましょう。

このサイズを元にして取皿を調えていけば、一枚ずつ集めたうつわたちの間にも、そこはかとない統一感が生まれます。

IDEA

004

クセのある形やビビッドな色 豆皿や箸置きは遊び心で集めたいアイテム

ここまで、うつわの組み合わせ方について、統一感や調和という観点で話を進めてきましたが、「芸術は爆発だ！」的にうつわを楽しみたい方は、もう少し自由度のあるコーディネートをお望みかもしれません。

そうであればぜひ、豆皿を選ぶときに、遊び心を発揮してみてください。

P48では「基本の四点」について、極端な形状のものは避けた方がよい、と書きましたが、豆皿のように小さなサイズのうつわであれば、かなりクセのある形のものも食卓のアクセントとして有効ですし、ビビッドな色のものも差し色とし

てコーディネートに華やぎを添えてくれます。

　ただし、変形のものは品数が増えると、食器棚の秩序を乱すはみだし者になってしまうことも。そんなときにはほどよいサイズの竹籠などを使ってコンパクトにまとめ、見せる収納を楽しんでみましょう。

　また、豆皿よりさらにミニマムなアイテムである箸置きについても、同じ考え方で集めてみてください。

豆皿はとことん色や形を楽しんで

脇役のうつわを充実させて食卓を楽しむ

IDEA
005

醤油差しなどの調味入れや蓋物を取り入れてみる

うつわの中でも、ふだんの食事を盛りつけるアイテムは「主役」といえますが、「脇役」の存在も忘れてはいけません。たとえば、そのひとつが醤油差し。

今は、卓上で使えるボトル入り醤油も発売されていますが、そのままテーブルの真ん中に置くのは味気ないものです。ちょっと面倒でも、手持ちの醤油差しに移し替えてみて。このほか、調味料や香辛料などについても、お気に入りのキャニスターに移し替えれば、暮らしの風景を自分らしく変えていくことができるでしょう。

また、これとは別に、蓋のついたうつわ(蓋物)も、表情豊かな脇役です。

蓋物は、閉じているときには寡黙に見えるものの、開けると多弁な一面を見せてくれるアイテム。菓子入れに使ったり、おもてなしの際のお料理を盛ってみたり。使い方次第では、エンターテインメント性の高い楽しみ方もできそうです。

映画やお芝居でも、名脇役が登場すると、物語に奥行きが出ますよね?それと同様に主役と脇役を織り交ぜながら、日々のうつわ使いを楽しんでみたいものです。

ちょっとした
おもてなしに
使いたい蓋物

いろいろな形のものがある蓋物。角型のものだとフォーマルな印象になりますが、円形や楕円形のものはやさしくカジュアルな雰囲気なので、さまざまなシーンで活躍しそう。

かわいらしいお菓子を詰めておけば、気取らないお茶の席も華やかに。

IDEA
006

肩肘張らずに漆の汁椀を使う

かしこまらずにシチューやポトフにも漆器を

日本の食生活にあわせて進化してきた漆器の中で、一汁一菜や一汁三菜の「汁」の部分を担うのが汁椀。味噌汁や吸い物用に作られたうつわですが、用途を和食だけに限定してしまうのは、ちょっともったいないように思えます。

この本の中で、これまでしつこく繰り返してきたのが「うつわを使い回す＝一器多用」という考え方ですが、これは汁椀についてもあてはまります。

PART02でも書いた通り、木で作られた椀の特長は、あつあつの汁物を注いでも、持つ手にその熱さが伝わりにくいこと。

そう考えれば、スープやポトフなど、カタカナの献立に使ったり、鍋料理をかこむ際に、取鉢（とんすい）として使ったりしても問題ないと思います。

木製の漆器は決して安価なものとはいえませんが、だからこそ、さまざまなシーンで使い回して長く愛用していきたいアイテムです。取り扱いには若干の気配りが必要ですが、P172を参考に日常のうつわとして、かしこまらずに使ってみてください。

前の晩に洋皿でいただいたシチュー。その残りを、翌日の昼食に汁椀で—というような使い方があってもよいでしょう。

同じお料理でも、うつわを変えれば食べ方も変わり、気分も変わります。箸や木の匙を使っていただくシチューもなかなかよいものですよ。

IDEA
007

お盆

うつわの持ち運びに使うお盆は、丸や正方形、もしくは長方形のものが使いやすいでしょう。一枚持っておくと、一汁一菜を並べて「一人用の膳」として使うことができますし、お茶の時間を楽しむときの「茶菓盆」として使うことも可能です。また、急須や茶筒など、お茶回りのアイテムをまとめて置く収納トレイとしても重宝します。

フラットな木のうつわを効果的に使う

お盆、プレート、カッティングボード
汎用性が高い、平らな木のうつわ

陶磁器やガラスなどのアイテムは硬質な印象を与えますが、木のうつわを使うと、食卓に柔らかな雰囲気が加わります。

サラダボウルのような深い形状の木のうつわをお持ちの方は比較的多いと思いますが、フラットに仕上げられたアイテムにも目を向けてほしいと思います。

お盆（トレイ）、プレート、そしてカッティングボード。それぞれ、用途が決まっているように見えますが、お盆→プレート、プレート→お盆、カッティングボード→プレートなど、視点を変えて、いろいろと使い回してみるとよいでしょう。

木の味わいとあたたかさを、日々の暮らしに取り入れてみてください。

カッティングボード

キッチンの中だけで使われるまな板とは違い、手が付いているので、使いたい場所に持ち運んで使えるアイテム。朝食ではテーブル上でパンを切ったり、ワインを飲むときにはチーズを切ったり。少し大きめのものを選んで、プレートとして使ってみるという手も。

プレート

カフェやレストランで見かけるような、うつわの重ね使いにもチャレンジしてみたいもの。ただ、せっかくなら「やきもの on やきもの」のような同素材合わせではなく、「やきもの on 木」「ガラス on 木」など異素材合わせを楽しんでみてはいかがでしょう?

COLUMN

やきものの加飾①

陶磁器（やきもの）の加飾技法の中で、絵具を使って描画するのが「絵付《えつけ》」です。高温に耐えうる絵具（呉須絵具や錆絵具）を使うときは、「下絵付《したえつけ》」という方法で。素焼き後の素地に絵を描き、釉薬をかけて高温で*本焼成を行います。

一方、高温に弱い絵具（色絵具や金銀彩）を使うときは、本焼成した器体の釉薬の上に絵を描き、低温で焼き付ける「上絵付《うわえつけ》」という方法が用いられます。

また、筆を使った絵付の他に、土の特性を活かして絵柄を作り出す加飾技法もあり、これも絵付のバリエーションといえます。

染付《そめつけ》

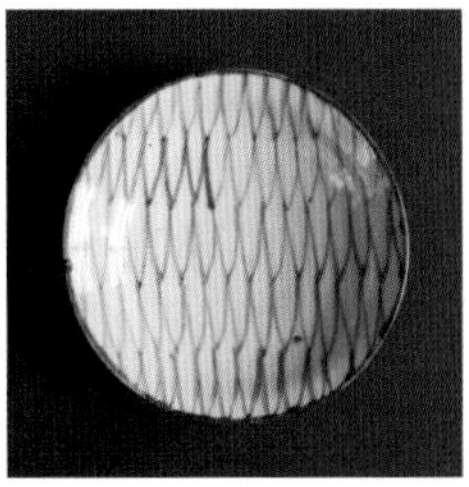

酸化コバルトを主成分とする**呉須《ごす》絵具**を使った青い絵付。素焼きした後の素地に筆などで絵を描き、透明な釉薬をかけて本焼成。描画が釉薬の下にある**下絵付《したえつけ》**の技法です。

鉄絵《てつえ》

鉄分を含む**錆《さび》絵具**による褐色の絵付。こちらも下絵付で、素焼き後の器体に描画→施釉して本焼成。唐津焼など茶陶の世界に多く見られます。錆絵と呼ばれることも。

色絵・赤絵

高温での焼成に弱い**色《いろ》絵具**を使うときは、施釉して本焼成した器体の上に絵を描き、再度低温で焼成。釉薬の上に絵柄が焼きつけられた**上絵付《うわえつけ》**という絵付技法の一種です。

印判手《いんばんて》

筆を使わず、型紙を使った摺絵《すりえ》や銅版を使った**転写**によって絵付を量産する技法。量産品ゆえの**カスレ**などが味わい深く、古い印判器はコレクターに珍重されています。

象嵌《ぞうがん》

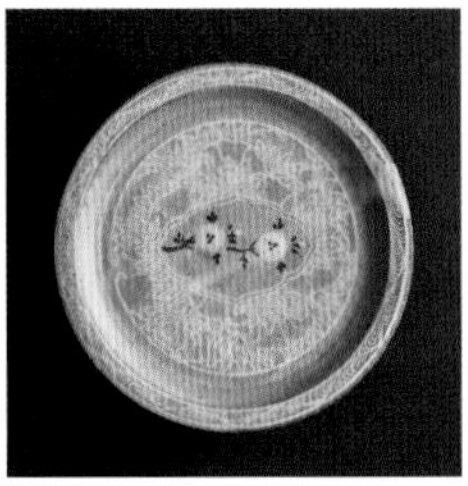

生乾きの素地にヘラや釘で紋様を**象《かたど》り**、削りとった部分の凹みに、素地とは異なる色の土を**嵌《は》め込む**技法。筆による絵付けとは異なり、描画や稜線がくっきりと浮かび上がります。

掻《か》き落とし

素地の上に化粧土をかけ、表層を掻きベラや釘などの道具で**掻き落とし**て絵柄や描線を表現する技法。切り絵や版画のような鮮明なコントラストを楽しむことができます。

PART

07

IDEA

組み合わせのアイデア

うつわの組み合わせにまつわるアイデアです。
珈琲やお酒の時間を楽しむためのコーディネートをはじめ
うつわの組み合わせで様々な食卓や雰囲気を
演出するためのアイデアを集めました。

IDEA

008

テーブルの上をすっきりまとめたいなら横長の皿や鉢を選んでコンパクトに

横長のうつわを使って スペースを有効活用する

人間の肩幅のサイズや並べるうつわのサイズなどから換算すると、ふだん、一人分の食事スペースに使われる面積は、幅二尺（約60cm）×奥行き尺二寸（約36cm）くらいになるのではないでしょうか。

市販のダイニングテーブルも、そういった想定を元に作られているはずなので、対面で座れるタイプのテーブルの場合、奥行きが80cm〜90cmくらいのものが多いと思います。

ただし、ふだんはそのサイズで事足りても、来客時などに大きめのうつわを並べると少々手狭に感じられることも。

そんなときに使いたいのが、楕円形、長方形、菱形など横に長い形状のうつわ。奥行きが抑えられることで、テーブルの上に余裕が生まれ、すっきりとした印象になりますよ。

IDEA
009

嗜好の時間①

コーヒータイムを民藝的な手仕事で楽しむ

やきもの

民藝のやきものには、さまざまな加飾技法があります。
飛びかんなやスリップウェアなどの技法を使ったパンチの効いたうつわも素敵ですが、はじめて民藝のうつわを使うのであれば、白い粉引や重厚な黒釉、あたたかな発色の灰釉など、ベーシックな色目のものから揃えてみては。

木の道具

よく、木のうつわは呼吸をしているといわれます。
そんな特性を活かしているのが、桜の樹皮で作られる樺細工の茶筒。呼吸しながら筒内の湿度を低く保つので、茶葉だけではなく、コーヒー豆の保存にも応用できそう。木製のコーヒーメジャーを合わせても。

くつろぎの時間を あたたかな風合いのうつわとともに

厚手のやきものや自然素材を使った木工品や編組品など、「民藝」と呼ばれる素朴な手仕事を暮らしの中に取り入れてみたいと思っている方は多いかもしれません。

ただ、手持ちのうつわとコーディネートするのはちょっと難しいかな?などと考えて、手を出しかねている方もいるのではないでしょうか。

そう考えている方に提案したいのは、食の基本となる「食事の時間」と、それ以外の「嗜好の時間」と、うつわを使うシーンをふたつに分けて考えてみること。

主食・汁物・主菜などが一堂に会する「食事の時間」であれば、これまで書いてきたように、うつわ同士の相性や調和に気を配ることが必要になります。けれど、食事とは別の「嗜好の時間」であれば、気に入った民藝のうつわを気兼ねなく使うことができるのではないでしょうか。

たとえば、コーヒー好きな方にとっての「嗜好の時間」は、コーヒーを嗜《たしな》むひととき。「食事」という食の基本からしばし離れ、民藝のうつわとともに過ごすくつろぎの時間も素敵だと思います。

編組品《へんそひん》

細く割いた竹や樹皮、木の蔓などを編んで成形した手仕事は編組品と呼ばれます。平たい敷物であればポット用のマットに、また立体的に編み込まれた籠であればペーパーフィルターなどコーヒー回りの道具の収納に。自然素材ならではの素朴な質感を楽しんで。

手織りの敷物

厚手のやきものをのせるマットやコースターには、手織物を。ホームスパンは、明治時代にイギリスから伝わった外来の織物ですが、今は岩手の手工として知られています。ふんわりとしたその手ざわりは、嗜好の時間にうるおいを与えてくれそうです。

民藝って？

昭和初期に思想家・柳宗悦や陶芸家・濱田庄司らが中心となってはじめた民藝運動は、「日々使う器物の中に美が宿る」という思想の下、土着的に育まれてきた日用雑器を再評価する生活美化運動です。

そういった柳の趣旨に添った手仕事は「民衆的工藝品」＝「民藝」という言葉で括られ、手仕事界でひとつのジャンルを形成するようになりました。工業的な工程では生み出すことができない職人の手のぬくもりやゆらぎ——それらを宿した器物は、今も多くの人の心をとらえてやみません。

fragranza

いろいろな視点で酒器選びを楽しむ

日本酒やワインの専門家によれば、お酒の味や香りをしっかり堪能するためには、酒器の素材・サイズ・形状・厚さを厳密に吟味しなくてはならないそうです。

お酒そのものの味わいを追求したいのであれば、専門家のアドバイス通りにうつわを選ぶのがよいでしょうが、うつわ好きの方には、もう少し別の選び方があってもよいと思います。

花見酒のように季節の景色をアテに飲む酒席があったり、気の置けない友人とのコミュニケーションを楽しむおうち飲みがあったり、はたまた好きな作り手のうつわと語らうひとり酒の夜もあったり――。お酒を楽しむシチュエーションが

好みのマイ酒器でくつろぎの時間を

春

うららかな春の宵には、気のおけない友人やパートナーと語らうささやかな酒席を楽しむのもよいでしょう。気温が上がってきたら、冷えたお酒をガラスのうつわで軽やかに。薄手のぐいのみは、見た目が美しい上に、唇への当たりも心地よく。

いろいろあるように、酒器選びもさまざまな視点で楽しんで。

お酒を嗜むひとときは、「嗜好の時間」。見た目の好み、手なじみの良さなどを元に、ご自身の心を満たすためのマイ酒器を選んでみてください。

夏

よく冷えたビールはクリアなグラスで飲む印象がありますが、あえて焼締《やきしめ》のカップでいただくのも素敵です。

無釉ならではのざらりとした質感がポイント。注ぐと泡がきめ細かくなるので、グラスとはひと味違うビールの味わい方が期待できそうです。

秋

ワインを日常的に楽しむのなら、安定感と手なじみの良さを重視したタンブラーを使うのもアリ。

また、使い勝手の良さそうな脚付きグラスを数点、おもてなし用に揃えておくのもよいでしょう。グラスに高さが出るだけでちょっとしたハレ感を演出することができますよ。

冬

肌寒くなる季節には燗酒を楽しむ機会が増えるかもしれません。

そんなときに使いたいのが徳利。首をしぼった形状なので、お酒が冷めにくく、冬の酒席にぴったり。

さらに、吉祥紋様のぐいのみと朱塗りの酒肴鉢をセットすれば、グッと華やかな雰囲気になるでしょう。

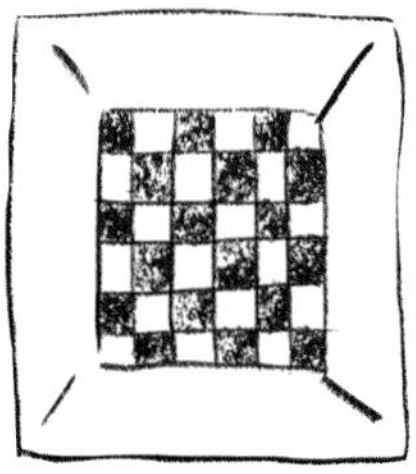

現代作家が作る「新しい古典」を取り入れる

古いうつわのよさを普段の食卓に取り入れる

やきものは、常に古い技巧と新しい感性が混じり合いながら進化してきた工芸分野。

これまで、古典の名品をお手本にしたり、伝統的な陶芸技法を見倣《みなら》ったり、過去の成果を活かしながら、新しい感覚のうつわが制作されてきました。

そういった流れは今も続いていますが、現代の作り手たちに求められているのは、古い造形を忠実に再現することではなく、古い名品たちがまとう美意識をいかに再生産するか、ということ。つまり、単なる「*写し」ではなく、現代の食生活に合わせ

反映した色や質感など、作り手独自の創造性がシビアに問われるようになっているのです。

古今東西の名品のエッセンスをうまく取り入れた新作のうつわたちは、いわば「新しい古典」。それらを長く愛用して食卓になじませていくことで、暮らしの風景は深みのあるものに成熟していきそうです。

西洋アンティーク調のうつわの世界

かつてフランスのサルグミンヌ窯で制作されて人気を博したのが、花形のプレート。そのエッセンスを活かして新たに制作されたうつわは、ロマンティックな雰囲気です。いまどきの食卓に合わせて、モノトーンの釉薬を用いたり、リムにオリジナルの意匠を施したり、愛らしい植物を描いてみたり。さまざまなシーンで使えそう。

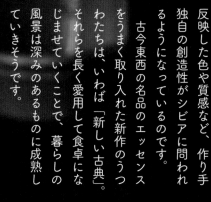

東洋趣味のうつわ

中国・磁州窯《じしゅうよう》のうつわに見られる黒白の紋様、朝鮮半島・青磁象《せいじぞう》嵌《がん》の精緻な装飾、そしてベトナム・安南焼《あんなんやき》の滲んだ絵付け。

オリエンタルな名品の加飾技法に着想を得たうつわたちには、大らかな空気がただよいます。

日本の伝統を受け継ぐうつわ

土味豊かな織部《おりべ》や黄瀬戸《きぜと》、三島《みしま》手《で》などの土ものは、かつて茶人たちを魅了した品々。

さらに、大陸由来の染付磁器は初期伊万里を代表するスタイルとなり、色絵磁器は加賀の地で九谷焼として深化。歴史に育まれた多様な顔ぶれを楽しんで。

加飾と無地のうつわをハーフ&ハーフで使う

デコラティブとシンプルを組み合わせる

うつわには、絵付けなどの装飾が施されたデコラティブなものもあれば、装飾を抑えた無地のシンプルなものもあります。

バブル崩壊以降の四半世紀は、一貫してシンプルなうつわの方が優勢でしたが、SNSが広く普及したここ数年は、見映えがするデコラティブなうつわにも再び支持が集まるようになっています。

とはいっても、このふたつは対立関係にあるわけではありません。

絵柄が居並ぶ中に無地のうつわが配されれば、テーブルの上には余白的な「間《ま》」が生まれますし、シンプルな中に絵柄のうつわがあしらわれれば、そこはかとない「華やぎ」が生まれるでしょう。このふたつは、補完関係にあるのです。

デコラティブなうつわは「たし算のうつわ」、シンプルなうつわは「ひき算のうつわ」というとらえ方で。たし算とともに適度なひき算を行うことによって、日々のコーディネートの中に心地よく過不足のない着地点が見つかるのでは。

バランスのよいうつわ使いについては、「盛皿が無地のものであれば、取皿は絵付けのもの」というような感覚を持っておくとよいでしょう。

手持ちのうつわのバリエーションの中で、偏りがない使い方を意識するだけでも、食卓には調和が生まれると思います。

COLUMN

やきものの加飾②

P114で紹介した陶磁器（やきもの）の加飾技法は、図画工作でいうところの図画的な技法にあたりますが、この他にも、盛る・削る・重ねる―などの工作的な技法を用いて装飾を施したうつわも見られます。

こうした加飾技法は日々進歩している上に、オリジナルの技法を持っている作り手もいるので、そのすべてを紹介することは難しいと思います。

ここでは、伝統的な加飾技法として知られるものを中心にご紹介します。多彩な技法のほんの一部ですが、うつわを選ぶときの参考にしてみてください。

飛びかんな

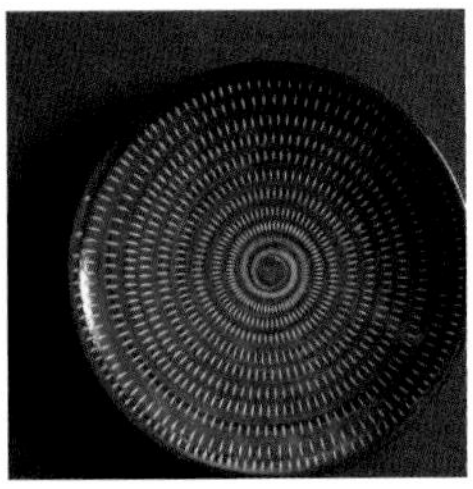

主に民藝の産地で見られる技法。化粧土をかけた器体に、**カンナ**と呼ばれる削り道具をあてて口クロを回すと、カンナが跳ねながら表層を削り、細かい削り紋様を生み出します。

三島手《みしまて》

P114で紹介した象嵌《ぞうがん》技法の一種で、細かい線紋で埋め尽くした**三島**と呼ばれる紋様や花形のハンコを押した**印花**《いんか》という紋様が有名。朝鮮半島由来の古い加飾技法です。

イッチン描き

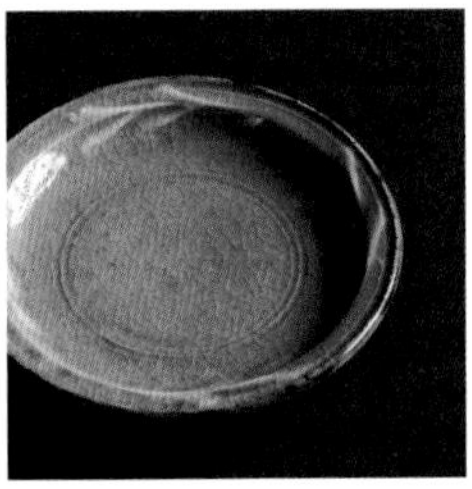

スポイトに入れた泥状の土を絞り出し、アイシングクッキーを作るような感覚で、盛るようにして線紋を描き出す技法。筆による絵付とは異なる、立体感のある装飾です。

掛け分け

複数の釉薬を**分けてかける**加飾技法。一番シンプルなのは、二色の釉薬を半身ずつかけ分けるデザインですが、三色以上の釉薬を使って複雑な紋様を作りだすことも可能。

鎬手《しのぎて》

掻きベラなど専用の道具を使って、半乾きの素地に線状の紋様を彫っていく技法。もっともよく見られるのは、カップ等の側面に均等な幅の**稜線**を縦方向に施したもの。

練込《ねりこみ》

異なる色の土の板を重ねてスライスし、その断面の紋様を活かしてうつわを制作する技法。器体の表面ではなく、**素地の土自体を着色する**珍しい技法です。**練上**《ねりあげ》とも呼ばれます。

PART

08

IDEA

暦の中のアイデア

春夏秋冬、季節ごとの食事に合わせた
コーディネートアイデアです。
季節の移り変わりを表す七十二候《しちじゅうにこう》とともに
朝食やおうちでのお祝いの席、お正月など
日々の暮らしのシーンに沿った提案をしています。

IDEA
013

七十二候

桃始笑

もも はじめて さく

三月十日～
十四日頃

春、気負いなくおうちで楽しむ
お祝いやおもてなしの一席

輪花の白磁で軽やかに

春には花の絵付けのうつわを……と考えたくなるものですが、旬の食材の色をしっかり楽しみたいのなら、絵柄のない白磁を選んでみては。

花形に象った白磁鉢を使えば、お料理は花に包まれたような雰囲気に。やわらかな形状で、食卓に軽やかな華やぎを添えてくれます。

花の意匠は上品に

ミニマルな雰囲気の大鉢を使う場合、その他の小さめのうつわについては、装飾の入ったものを使うと全体のバランスがよくなるでしょう。

スミレ紋の染付飯碗に印花の小皿。どちらも花をモチーフにしたうつわですが、お料理を邪魔しないかわいらしさが素敵です。

淡い色のリネンで春らしさを

若草色のクロスと生成りのランチョンマット。

前ページでは、異なるサイズの布を使って季節感を演出してみました。

さらりとした肌ざわりの薄いリネン（亜麻）は、重ね使いしても軽やか。クロスは若草色の他、黄色やピンクなど、季節を意識したやさしい色のものを。

「春らしさ」の演出アイデア

食事をしていない時にテーブルに大きな花が生けてあると素敵ですが、着席時の目の位置より高い背丈の花は、食事をしている時には視線の妨げになってしまいますし、お料理の上に花粉を落としてしまう可能性も。

食事中のテーブルに花を飾りたい場合は、丈を短めに整え、小さな花器に挿して。

シンプルかつ味わいのある一輪挿しを探している方には、古物の平たいインク瓶や小ぶりの薬瓶がおすすめ。アンティーク店や骨董市などで比較的求めやすい価格で手に入れることができますよ。

IDEA

014

七十二候

玄鳥至《つばめきたる》

四月四日〜
八日頃

新しい年度がはじまる日は　お気に入りのうつわで気分を上げて

つばめが南の国から渡ってくる四月のはじめは、新しい暮らしがスタートする季節。

慣れないことも多く、ちょっと慌ただしかったり、浮き足立ってしまったりすることもあるでしょうが、一日の活力源となる朝食には少しだけ気を配って。

パン、サラダ、ヨーグルト、フルーツ、カフェオレ――。

バランスのよい食事は、バランスのよいうつわ使いと連動させて。朝食の献立にはおおよそのパターンがあるでしょうから、お好みの朝食セットをあらかじめ決めておけば、忙しい朝の時間を無駄にすることもないでしょう。

お気に入りのうつわたちは、朝の心を整える手助けをしてくれると思いますよ。

気分が上がる朝食用のプレート

ヨーロッパのアンティークにヒントを得て制作されたプレートは、見込み部分がフラットに作られているので、トーストや目玉焼きなどをのせやすい形状です。

乙女心をくすぐるのが、繊細な筆使いで描かれたレモンやオリーブの柄。パンの下に見え隠れする明るい色合いは、一服のビタミン剤のように、目覚めたばかりの目と心に滋養を与えてくれることでしょう。

素材感を バランスよく選んで

これまでたびたび取り上げてきたのが、うつわはバランスよくコーディネートしましょう、という話。

その実践として、このシーンでは、磁器（*半磁器）のプレート、陶器のカップ、ガラスのボウル、栗の木のカッティングボード、とさまざまな素材のうつわをバランスよく配してみました。温かい飲み物は陶器に、冷たいデザートはガラスに、焼きたてのパンは木に──。それぞれの素材に即した食材を配して食事内容もバランスよく。

目と心で涼を感じたい夏の食卓

七十二候

蓮始開

はす　はじめて　ひらく

七月十二日～十六日頃

焼締は水に浸して涼やかに

釉薬を掛けずに焼成した焼締《やきしめ》は、土そのものの風合いが楽しめるうつわ。

秋冬っぽいイメージもある褐色の土肌ですが、使う前に水に浸しておけば、しっとりとした雰囲気に。氷とともに素麺を盛ると、清流が岩肌を流れているように見えてきませんか？

夏といえばガラス器

ガラスという素材の特性は、いうまでもなく、見た目の透明感と清涼感。

だからといって、夏の食卓のすべてをガラス器だけで整えるのはあまり現実的ではありません。さまざまな用途で使い回せそうなボウルやグラスを適材適所で使うだけで、夏らしさは演出できます。

麻ならではの素材感を活かす

布ものについては、テーブルを覆うような大きなクロスは敷かずに、小さめのプレイスマットを使うことですっきりとした印象に。ここでは、麻の中でもシャリ感と若干の透け感を持つ苧麻《ちょま》（カラムシ）の手織物を。藍をベースにした色合わせが涼しげです。

「夏らしさ」の演出アイデア

暑い日に薄手の服を着るように、夏のテーブル回りはすっきりと簡素にアイテムを絞りこんで。うつわ使いは、たし算ではなく、ひき算を心がけてみたいものです。

夏のマストアイテムとして思いつくのはまずガラス器ですが、同時に、うつわの色や絵柄で涼を感じさせる工夫もしてほしいと思います。

前ページでは、涼しげな瑠璃釉の八角皿、そして七十二候を意識した蓮の花の絵付け皿を取皿として配してみました。こうした季節ならではのアイデアは、目と心に涼をもたらしてくれるはずです。

竹を使ったアイテム

夏に使ってみたい素材が竹。

たとえば前ページのように、素麺を鉢に盛るのであれば、見込みにすだれを敷いてみてもよいですね。また適当なサイズの鉢が見当たらない場合には、竹ざるで素麺を湯切りし、ありあわせのお皿にのせてそのまま食卓へ。竹箸を添えれば、涼感がさらに増しますよ。

手折った枝や緑を添えて

瑞々しいグリーンは、涼感を演出してくれるアイテムのひとつ。ただ、植木鉢をテーブル上に置くのは、衛生的にも避けましょう。ちょっと大きめのグリーンをベランダや庭で育てておいて、必要な分だけ手折って小さめの花器に生けて楽しみましょう。

藍染めの手ぬぐい

手ぬぐいを集めている方は多いと思いますが、お客さまを招くような席でおしぼりとして使えば、ちょっと粋な雰囲気に。

色とりどりの手ぬぐいも楽しいのですが、夏は、自然素材・藍で染めた手ぬぐいを。見た目の清々しさも大事にしてみてください。

IDEA
016

七十二候

土潤溽暑

つち
うるおうて
むしあつし

七月二十八日～
八月一日頃

カレー＋リム付きの深皿

ひと皿で完結するごはんというと、真っ先に思い浮かぶ献立はカレーでしょうか。ルウたっぷりのカレーでも、しっかり煮詰めたキーマカレーでも、使いやすいのはちょっと深めのお皿。リムが付いたものであれば、手を添えながら食べることができるので便利です。

冷製スパゲティ＋素麺鉢

うだるような暑さが何日も続くと、温かいお料理に食指が動かなくなり、冷たいものばかり食べたくなってしまいます。

そんなときには、冷たいパスタを作ってみることもあるでしょう。たとえば、青豆とバジルソースのさわやかな色目には、同系色の素麺鉢を合わせても素敵です。

色ガラスは明るい光に映え、夏の献立を楽しい雰囲気に引き立ててくれます。

夏休みの昼食は ひと皿、ひと鉢で

冷やしラーメン＋サラダボウル

そうめんや蕎麦、冷やし中華など、麺を使った夏の献立はいろいろありますが、定番のルーティンに飽きてきたら、ちょっと工夫を加え、レモンを絞って酸味を利かせた冷たいラーメンを。

スープが多めの麺料理は本来、深めの丼に盛るところですが、澄んだ色のスープの色がきれいな冷やしラーメンは、クリアガラスのサラダボウルを丼として使って。

洋風丼＋中鉢

丼ごはんは、かんたんランチの代表格。

香り豊かなスパイスを効かせたタコライス風のオリジナルごはんは、お子さんも大喜びの味付け。

ちょっと深めの中鉢に盛れば、具の色合いも楽しめて、食が進むのではないでしょうか。手なじみのよい木の匙を添えてナチュラルに。

IDEA

017

銘々に盛りつける秋の膳

夏の間、太陽をいっぱいに浴びた大地の恵み、山の恵み、海の恵みが店先にあふれるようになる十月。

新米の時期に合わせて飯碗や汁椀などを新調したり、旬の魚を盛るための焼物《やきもの》皿《さら》を探してみたり……。秋はうつわ使いの楽しみが増える季節でもあります。

この時期から一か月くらいは、陶器市などアウトドアの手仕事イベントも増えるので、足を延ばして、うつわ選びを楽しんでみてもよいかもしれません。

七十二候

鴻雁来

こうがんきたる

十月八日〜十三日頃

織部の片口

織部《おりべ》は、酸化銅を含む釉薬を掛けて*酸化焼成することで、鮮やかな緑色に発色させるやきものです。

かつては大地が枯葉色に満たされる秋頃、緑豊かな季節に思いを馳せながら使われたのだとか。秋野菜のおひたしなどを無造作に盛りつけてみると粋ですね。

花を生け分ける

街の花屋ではよく、季節の花を束ねたかわいらしいブーケを見かけます。そのまま生けてもよいですが、小さな一輪挿しに分けて生けるのも素敵です。

背が高めの花は玄関や窓辺の家具に、小ぶりな花は短く切って食卓に。適材適所で季節の色を楽しんでみましょう。

深い色のガラス皿

ガラスという素材の特徴は透明感ですが、紫色や琥珀色などの落ち着いた色のうつわであれば、夏以外の季節にも食卓のアクセントとして重宝します。

ちょっとレトロな雰囲気を持つ小皿には、漬物などを盛って。深まる秋の風情にリンクした使い方を楽しんで。

秋らしさの演出アイデア

長皿

切り身の焼き魚をのせるときには、丸皿や正方皿などでも対応できると思いますが、魚を一尾まるごとのせたい場合や、つけあわせを一緒に盛りたいときには、長皿（焼物皿）があると便利です。

長皿というと長方形のイメージがありますが、楕円形や*木瓜《もっこう》型など、横に長い形状のものであれば、長皿のバリエーションのひとつとして考えてよいでしょう。角がないうつわは、見た目にやわらかな印象を与えてくれます。

IDEA
018

七十二候

楓蔦黄《もみじつたきばむ》

十一月三日〜
七日頃

持ち寄ったお菓子で楽しいお茶会

お気に入りのうつわを
並べれば
心も会話もはずむ

街の木々が少しずつ色づいてくる時期は、秋のイベント事もおおかた終わり、慌ただしい年の瀬を目前にひかえつつも、ほんの少しだけ心に余裕ができる頃合い。

そんなときには気の置けない親しい友人を招き、季節のうつろいを楽しみながら、午後のひとときを過ごしてみるのも悪くないでしょう。

気張ったおもてなしではなくても、近所で買ったかわいいお菓子とお気に入りのうつわ並べれば、心も会話もはずむのではないでしょうか。

お茶とポットの関係性

ふだん少人数で煎茶を飲む際には、横に手が付いた急須を使うことが多いかもしれませんが、ほうじ茶や番茶のようにたくさん飲むタイプのお茶を淹れるとき、またはおもてなしで三〜四杯のお茶をいっぺんに淹れたいときには、大きめの急須が便利。

ただ、容量が多くなればうつわ自体も重くなるので、手に負担がかかりにくいものを選んで。後ろに手が付いたタイプ（**ポット**）や上に蔓が付いたタイプ（**土瓶**）が使いやすいでしょう。

菓子皿とケーキ皿

手に持って使うことが多い日本の皿は、手なじみのよい形状になり（**和皿**）、テーブルに置いたままフォークとナイフで食事をする西洋の皿は、安定感のあるフラットな形状になりました（**洋皿＝プレート**）。

スイーツには、これらの形状をうまく使い分けてみてください。

写真では、おもてなしのシーンを想定して、渋い土味の四寸和皿に鮮やかな色の和菓子を、日本的な赤絵をあしらった和洋折衷の六寸プレートには、いちじくのケーキをのせてみました。

IDEA 019

冬の洋風鍋は
土と木の質感とともに

七十二候

閉塞成冬

そらさむく
ふゆとなる

十二月七日～
十一日頃

冬らしさの演出アイデア 土鍋

寒い季節に活躍するのが、土鍋など耐熱のうつわ。土は金属にくらべて保温性が高いので、熱々のお料理をそのままテーブルで楽しみたいときにぴったりです。

ふつうの陶磁器は、直火に掛けたら壊れてしまいますが、土鍋類に使われる耐熱土は、一般的な陶土や磁土とは異なり、直火に耐えうる強度を持っています。この土から放出される遠赤外線には、食材を芯から加熱する効果があるといわれるので、土鍋は、炊飯や煮込み料理などにも適したアイテムです。

漆椀を取鉢として

鍋料理の取鉢（とんすい）には、器体が熱くなりにくい**木製の漆椀**を使ってみるのもよいでしょう。

高台の段差をなくしたカジュアルな造形のお椀は手なじみが良く、使い回しが利くアイテム。取鉢代わりにもなりますし、ふだん使いの汁椀として味噌汁やスープにも。

おたまとおたまおき

鍋料理を囲むとき、調理用のおたまを使うのがちょっと味気なく感じられるなら、味わいのある**木製のおたま**を。土鍋の表面を傷つけることがなく、不快な摩擦音を立てることもありません。

また、おたまの置き場所に困っている方も多いようですが、深さのある小鉢で対応してみてはいかがでしょうか。

木の匙

日本人は木の箸を使うことに慣れているので、刳物の木の匙にも違和感なくなじめるはずです。

このシーンではレンゲとして使っていますが、木製の椀、陶磁器の鉢、ガラスのボウルなど、いろいろな素材のうつわとも相性がよいと思います。スープやデザートなどにも使い回してみて。

自宅で盛りつけて寿ぐ お節料理

正月

しょうがつ

1月1日

ハレの日の演出アイデア

年末は大掃除の時期。その際に、食器棚の総チェックをしてみるとよいでしょう。

もし、両親や祖父母から譲り受けた蓋付き椀や重箱などの漆器が奥の方に眠っているようならば、高級なモノだから……としまったままにせず、年始の食卓で使ってみてください。

お正月は、日本人にとってハレの中のハレといってもよい特別な期間。漆が醸す重厚な風合いは、年を重ねる喜びの席に華やぎを添えてくれることでしょう。

いろいろなお重を使って

丁寧に塗りを重ねた**漆の重箱**は憧れのアイテムですが、ふだん使いできるような重箱を—ということであれば、**陶箱**（陶磁製の蓋物）を使ってもよいでしょう。

プレーンな白磁のものを選べば、ふだんの暮らしの中でも気負うことなく使えそうです。

九谷焼の鉢

ハレの席では、気分を昂揚させてくれるあでやかなうつわを。

絢爛たる色絵で知られる**九谷焼**の中でも、十九世紀に考案された**木米風**《もくべいふう》と呼ばれる作風は独創的。人物や草木などのモチーフを色絵具で描き、背景部分を赤絵具で塗りつぶす伝統様式は、見る者の目を楽しませてくれます。

利休箸について

懐石の席で使われる**利休箸**は、真ん中の部分を太く、両端を細く加工したもの。

この箸はお正月の席でも使われますが、それは、お正月が神様と食を共にする期間だといわれているから。片端は自分用、そしてもう片端は神様用、という意味合いを持っています。

COLUMN

金継ぎのこと

二〇一一年に起こった東日本大震災の後、複数の知人から漏れ聞こえてきたのは、長く愛用してきたうつわが壊れてしまった話。

うつわというのは、日常の記憶が詰まった、いわば「食卓の友」。電気製品などとは違い、壊れてしまったからといって、すぐ新品に買い替えを――と割り切るのは難しいと思います。

そういった状況の中で、脚光を浴びることになったのが「金継《きんつ》ぎ」です。

金継ぎとは、漆を使って割れた部分を接着し、継いだ部分に金粉を蒔いて完成させる、うつわの修復技法のことです。

写真は、震災で壊れてしまったプレートを、漆作家の村上修一さんが一年かけて修復したもの。接着した部分の線はあらたな景色を宿し、見慣れたうつわに別の命が吹きこまれたかのような印象を受けます。

金継ぎは、プロに頼めば美しく仕上げてもらうことができますが、震災以降、各地で開かれている金継ぎ講座に参加すれば、自らの手で修復することも可能です。

じっくり選んだ愛おしいうつわを直してまた使う――。モノと長く付き合うために生まれた先人たちの知恵を、暮らしの中に取り入れてみてはいかがでしょうか。

注釈解説

本文で注釈マーク（*）を付けた用語について解説します。

属人器

属人器とは「わたしの箸」や「マイカップ」といったように、使う人が決まっているうつわを指します。そんな当たり前のことに名前があるの？と思うかもしれませんが、実は「その人専用のうつわ」という考え方は、世界的にみると珍しいものです。西洋では同じお皿を複数枚用意してその都度配膳して使うのが一般的です。日本では箱膳で食事をしてそのまま食器を箱膳にしまう習慣があったことから属人器が普及したといわれています。

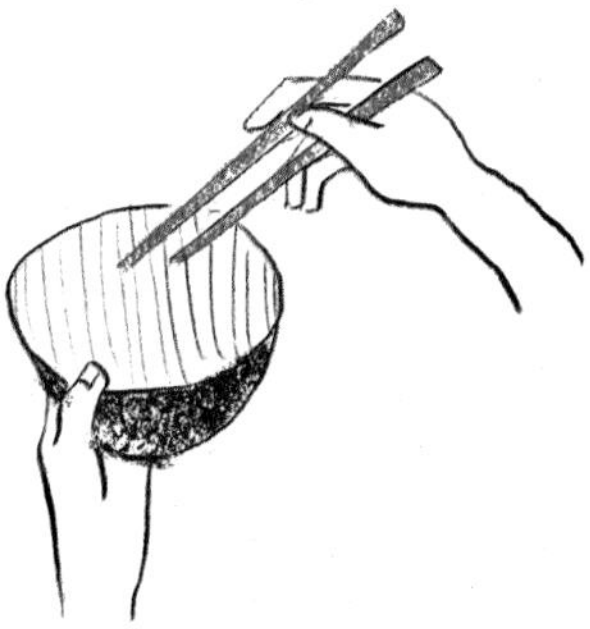

共用器

みんなが共用で使う食器を共用器といいます。例えば大鉢に煮物を盛って、各自が小鉢に取り分けて食べる場合、大鉢が共用器です。

銘々器

共用器と対になるのが銘々器です。取皿や小鉢や主菜用の皿など、食卓についた人それぞれに配されるうつわのこと。属人器と共用器以外のものが銘々器に分類されることになります。

素焼き・本焼成

やきものは、窯の中で焼く＝焼成することで一定の強度を得ます。焼成には少なくとも「素焼き」と「本焼成」のふたつの手順が必要です。

まずは素焼き。成型後に乾燥させた器体を８００℃くらいにまで温度上げて焼くことで、素地に強度が加わります。その次は本焼成。素焼き後に絵を描いたり釉薬をかけたりした器体を１２２０～１２８０℃くらいの高温で焼成します。

釉薬は高温によってガラス化し、使用に耐える強度を得ることになります。

酸化焼成《さんかしょうせい》

本焼成の際、窯の中にたっぷりと空気を入れて完全燃焼させる方法。釉薬の成分が酸素と結合して酸化することで色合いが変化します。たとえば織部釉のように銅を含む釉薬なら、銅が酸化してな青みがかった緑色に仕上がります。

還元焼成

本焼成の際に温度が上がったタイミングで空気を入れないようにし、不完全燃焼させる方法。釉薬から酸素が奪われることで色合いが変化します。たとえば銅を含む釉薬なら、新品の10円玉のように赤っぽくなります。酸素の有無で同じ釉薬でもまったく違った色合いになるのです。

焼締（炻器《せっき》）

焼締とは、素地に釉薬をかけずに高温で焼き上げるやきもののこと。土を「焼いて」「締める」ことで、水漏れをおこさず強度をそなえたうつわに仕上がります。

陶器の場合、釉薬によって水が漏れないようにするのが一般的で、焼締めても十分に土が締まらないことがあります。そのため焼締は、ケイ酸質の成分を含んだ粘土を使って作られることが多く。このやきものを「炻器」と呼びます。信楽、備前、常滑などが炻器の産地です。

半磁器

陶器のもととなる陶土と、磁器のもとになる陶石を混ぜ合わせて作られるうつわのこと。磁器の頑丈さと陶器の雰囲気を併せ持つ、中間的な存在です。

写し

写しとは、先人である陶芸家の作品や、ある産地で作られてきた陶磁器の表現をお手本に作品を制作することを指します。形状や図案、技法などを参考にすることは、作り手や伝統への敬意の現れであり、それを元に新しいものを生み出すための行為でもあります。「三島手」のように「〇〇手」という名称は技法の写しであることを表しています。

景色

やきものは、その名の通り窯で火を使い焼き上げられます。その過程で思いがけない表情や風合いが生まれることがあり、これを景色と呼びます。日本には、均一ではない仕上がりを味わいとして鑑賞する文化が根付いています。

窯変

やきものを窯で焼く過程で、思いがけない色の変化が生まれることを窯変と言います。土や釉薬、燃料に含まれる成分、炎の当たり方などによって様々な偶然性が生まれます。

粉引

素地に白い泥をかけた上に透明釉をかけて仕上げたものを粉引と呼びます。真っ白ではなく、ぽってりとあたたかな白さが特徴です。

白磁

陶石を砕いて粘土にしたもので形作った白い素地に、透明釉をかけたものを白磁と呼びます。歴史は古く、古代中国で生まれたといわれています。

染付

呉須で絵付けをして、その上から透明釉をかけて仕上げたものを染付と呼びます。美しいブルーが特徴で、「青花（せいか）」とも呼びます。

呉須

呉須は、酸化コバルトを発色の主成分とした鉱石系の顔料のこと。染付の深い青は、この呉須の絵具によって描かれています。

漆絵・蒔絵・沈金

漆絵とは、漆に顔料を加えた色漆で装飾を施す技法のこと。蒔絵は、漆器に漆で絵柄を描き込んだあとに、金粉や銀粉を蒔いて仕上げる技法です。沈金は漆器に刃物で絵柄を彫り込み、凹んだ部分に金粉や金箔を埋め込みます。精細な線表現が特徴です。

木瓜《もっこう》皿

木瓜とは植物のボケのこと。ボケの花の形を模したお皿が木瓜皿です。お皿には円、長方形、菱形、輪花などいろいろな形があります。形の名称を知っておくとうつわ集めがより楽しくなります。

目止め

陶器の土には、目に見えないくらい小さな穴がたくさんあります。この穴に食品の色素や匂いの成分が入り込むと、うつわにシミができたり、匂い移りしたりといったことが起きます。これを防ぐために、あらかじめ穴をでんぷん質や水分などで塞いでおくのが目止めです。具体的な方法はP171を参考にしてください。

木瓜

円

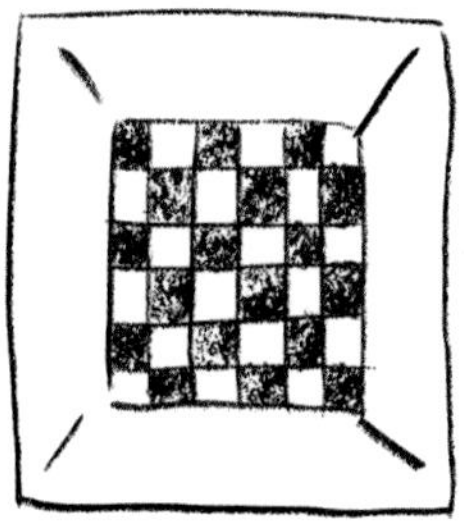

正方形

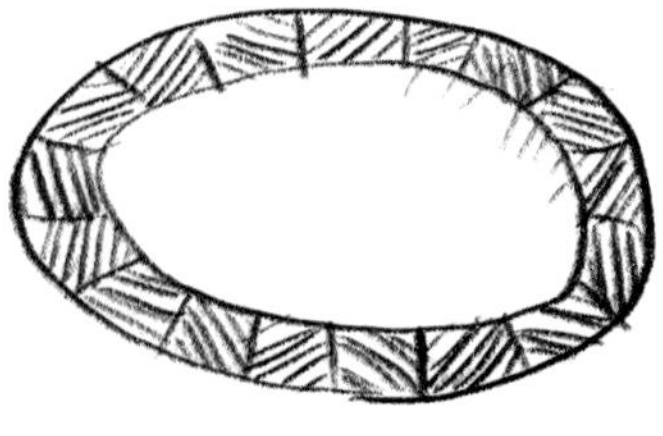

楕円

輪花

菱形

うつわの取り扱い方

ここでは、愛用のうつわを長く使い続けるために知っておきたい取り扱いの基本をまとめました。日々のうつわ使いの際に参考にしてください。

陶器（土もの）の扱い方

陶器は磁器に比べると、やわらかく欠けやすいのでぶつけないよう特に注意しましょう。

また、土の目が粗いものや貫入のうつわは、食べ物の匂いや色がうつったり、染みになることがあります。心配な場合は、購入時に目止めをしましょう。鍋に研ぎ汁や小さじ1〜2杯の小麦粉を溶いた水を入れ、そこにうつわを入れて火にかけます（弱火）。沸騰したら火を止めて冷まし、表面についたぬめりを洗い流してよく乾かしてください。

また、目止めによって風合いが変わってしまう陶器もあるので、扱い方については購入時にお店で尋ねてみましょう。

料理をのせるときも、色移りが心配な場合は水に漬けてから使うと安心です。

磁器は電子レンジOKですが、陶器は基本的にNGです。陶器に含まれる水分が急激に熱せられることで、うつわが傷んでしまいます。注意しましょう。

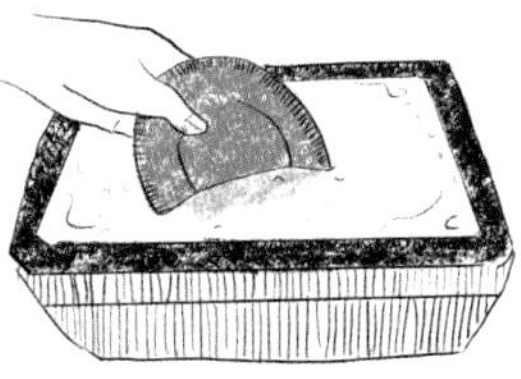

上絵磁器の扱い方

釉薬の上に色絵具で装飾を施した上絵磁器も、電子レンジは使えません。磁器の本体は問題ありませんが、絵の部分が傷んでしまいます。特に金や銀などを使って装飾した金彩・銀彩のうつわは、金属部分にマイクロ波が当たると危険なので、絶対に避けましょう。また金属部分に、酢の物などに含まれる酸が触れると変色してしまうことがあるので注意しましょう。

洗う時はタワシなど硬いものは使わず、やわらかなスポンジでやさしく洗いましょう。

土鍋の扱い方

熱を逃さず、中のものを長時間保温してくれる土鍋。使い始めには、陶土に含まれる無数の小さな穴をコーティングする「目止め」を行いましょう。簡単なのは、土鍋でお粥を炊く方法。お米と8割程度の水を入れ、糊状になるまで火にかけます。一晩おけば、穴がお米のでんぷん質で埋まります。

ガラスの扱い方

ガラスの特性は、なんといっても衝撃に弱いこと。洗うときは指輪など硬いものが当たらないよう注意しましょう。収納するときも、重ねると破損しやすいので、どうしても重ねるときは紙などをはさむようにすると安心です。洗ったあとは自然乾燥ではなく、ある程度乾いたところで布を使って拭くと水垢を防げます。

木工品の扱い方

木のうつわやカトラリーを扱うポイントは、洗ったら水分をしっかり拭くこと。風通しのよい日陰に保管すると、カビや割れを防げます。また食洗機や電子レンジは基本的に使えません。

ウレタン樹脂など表面を樹脂で保護してあるものに比べて無塗装のものは、食べ物の匂いが付きやすいので、使う前に水にサッとくぐらせると安心です。

油を塗り込んだオイルフィニッシュのものは、使い続けるうちに油分が抜けて白っぽくパサついてくることがあります。その際は、クルミ油やエゴマ油を布に含ませて塗り込むとツヤが復活します。

漆器の扱い方

木地に本漆を塗り重ねた漆器。大切にするあまりしまい込みがちですが、実は毎日使うことが一番のケアになります。日々手にとることでツヤが増してきます。

漆器も急な温度変化に弱いので、電子レンジや冷蔵庫での使用はNG。また紫外線にも弱いので直射日光を避けましょう。使い終わった後はぬるま湯で流すくらいでもよいのですが、汚れが気になる場合は中性洗剤とやわらかいスポンジで洗うようにしてください。ウレタン樹脂などを塗った合成漆器と異なり、本漆の漆器は剥げたら塗り直しができるのも特徴です。長く使って育てる楽しみがあるうつわといえるでしょう。

掲載した作品の作り手とお店

阿部慎太朗	半磁	27, 49, 55, 64, 91, 100, 105, 126, 138, 140
池田大介	陶	27, 29, 34, 45, 81, 92, 112, 125, 129, 134, 136, 151, 157, 158
池本惣一	磁	25, 29, 50, 51, 124, 131, 156
大内学	ガラス	41, 55, 57, 102, 103, 111, 113, 117, 124, 142, 143, 147, 162
大久保ハウス木工舎	木工匙	39, 158, 159, 161
オープランニング	箸	162, 165
casane tsumugu	樺細工＋曲物	39, 119
川合孝知	磁	62, 129, 163, 165
川島いずみ	陶	30, 62, 90, 128
工房禅 横田翔太郎	磁	31, 45, 56, 62, 71, 77, 78, 85, 117, 129, 131, 134, 136
コウノストモヤ	木工	39, 45, 65, 102, 103, 119, 139, 141, 154
小林裕之・希	ガラス	41, 64, 67, 87, 113, 122, 139, 141
坂田裕昭	ガラス	41, 63, 146
仕草	染物	145
白岩焼和兵衛窯 渡邉葵	陶	77, 78
諏佐知子	陶	63
鈴木美央	木工	39
星耕硝子	ガラス	41, 55, 57, 62, 123, 148, 150, 152, 158
田中朋也	織物	142, 143, 150
タナカマナブ	陶	55, 56
鶴見窯	陶	30, 77, 131
土井朋子	ガラス	63
冨本大輔	半磁	27, 47
土本訓寛・久美子	陶	27, 33, 53, 56, 62, 67, 81, 105, 123, 125, 128, 142, 143, 154, 156, 163
Nowvillage	編組品	120
中嶋窯	陶	46, 62, 70, 73, 74, 75, 77, 85, 90, 119, 134, 146, 154
長戸製陶所	陶＋磁	87
廣川温	陶	89, 159, 160
フルカワゲンゴ	陶	64, 73
堀江陶器	陶＋磁	55, 63, 109, 117, 164
松崎修	漆	163, 164
松野屋	荒物雑貨	39, 95, 108, 117, 120, 144
宮田竜司	陶＋磁	27, 31, 33, 35, 65, 85, 101, 102, 135, 136, 157
武曽健一	陶	12, 62, 67, 101, 122, 128, 154
村上修一	漆	21, 37, 39, 45, 46, 47, 117, 125, 134, 150, 159, 161, 164
矢口桂司	陶	33, 35, 53, 77, 138, 141, 150, 153
八柳	樺細工	39, 119
矢萩誉大	磁	67, 69, 71
山下秀樹	陶	34, 56, 73, 153, 162
jokogumo	布雑貨	120

※掲載しているアイテムは、著者、フードコーディネーターの私物を含みます。

著者プロフィール

著者 はるやまひろたか

コハルアン店主。三越恵比寿店「暮らしの和」フロア勤務を経て、独立。神楽坂にて、うつわと工藝の店をオープン。日本各地を旅してセレクトしたうつわを扱っている。店舗では常設展と企画展を通じて、さまざまな手仕事を紹介しているほか、『料理通信』『チルチンびと広場』『日本の美邸（WEB）』など各種メディアにてうつわや工藝にまつわるコラムを執筆している。監修を手掛ける書籍に『暮らしの図鑑 うつわ』『暮らしの図鑑 民藝と手仕事』がある。

コハルアン

日本人にとって親しみ深い「うつわ」という身近な工藝を通じて、暮らしの「今」を作っていくためのお手伝いをするお店。「名」より「実」を、「情報」より「知識」を、「流行」より「普遍」を。そんなスタンスを大事にしながら、日本各地を旅してセレクトしてきた手仕事を販売している。

住所:	〒162-0805 東京都新宿区矢来町68 アーバンステージ矢来101
TEL:	03-3235-7758
営業時間:	12:00～18:00（展示最終日は～17:00）
定休日:	月・火・水 ※祝日の場合は営業
Instagram:	utsuwa_koharuan
HP:	https://www.room-j.jp/

STAFFプロフィール

フードコーディネート タカハシユキ

自由な発想と新しい視点を盛り込みつつ、基本のツボをきっちり押さえた料理を考案するフードコーディネーター。国際中医薬膳師の資格も持つことから、心と体に寄り添う料理をもっとうとしている。書籍、広告等幅広く活躍中。本書では、盛りつけのセオリーを中心に、フードスタイリングを担当。

フォトグラファー 神林 環

長野県出身。Rochester Institute of Technology卒業。アメリカで写真を学びNYCでフリーランスとして活動を始める。

現在は日本でライフスタイル、主にフード、インテリアを中心に撮影している。

あとがき

この世界に入って既に二十年以上が経ちますが、得た知識がそれなりに蓄積したこともあり、ここ数年はうつわの産地や作り手について綴る機会が増えました。

この本はそういったコラムとは違い、うつわの本道である「使う」ということに焦点を絞った実用書ですが、執筆前に編集担当の方に伝えたのは、読んでためになるだけではなく、目で見て楽しめる「写真集のような美しい実用書」にしたいということ。

このよくばりな願いをかなえるため、今回の制作にあたっては、カメラマンの神林さん、フードコーディネーターのタカハシさん、イラストレーターの日笠さんに集結していただきました。また、素晴らしい手わざを持つ作り手の方々に作品を提供していただくことで、これまでにありそうでなかったうつわの実用書を作ることができたと思います。

筆が遅いため、完成するまで一年もの時間がかかってしまいましたが、遅ればせながら、この場を借りて、ご協力いただいたすべての方々にお礼を申し上げます。

この本が、読者のみなさんにとって、心地よいうつわ使いの一助となりますように。

季節やシーンを楽しむ
日々のうつわ使い
プロが教えるセオリー&アイデア

2021 年 12 月 13 日 初版第 1 刷発行

著　　者　はるやま ひろたか
発 行 人　佐々木 幹夫
発 行 所　株式会社 翔泳社(https://www.shoeisha.co.jp)
印刷・製本　日経印刷 株式会社

ISBN978-4-7981-7142-5
Printed in Japan

アートディレクション　藤田康平(Barber)
デザイン　白井裕美子
イラスト　日笠隼人
フードスタイリング　タカハシユキ
撮影　神林 環
編集　古賀あかね